I0696973

Estudios de cultura

SABERES, TECNOLOGÍAS ANCESTRALES, TIEMPO Y NÚMEROS

María Eugenia Paz y Miño

Estudios de cultura

SABERES, TECNOLOGÍAS ANCESTRALES, TIEMPO Y NÚMEROS

Editorial Brujas

Título: *Estudios de cultura: Saberes, tecnologías ancestrales, tiempo y números*

Autor: María Eugenia Paz y Miño

Paz y Miño, María Eugenia
   Estudios de cultura : saberes, tecnologías ancestrales, tiempo y
números / María Eugenia Paz y Miño.
- 1a ed . - Córdoba : Brujas, 2017.
   116 p. ; 23 x 15 cm.

   1. Antropología Cultural. I. Título.
   CDD 301.092

www.editorialbrujas.com.ar publicaciones@editorialbrujas.com.ar
Tel/fax: (0351) 4606044 / 4691616– Pasaje España 1486 Córdoba–Argentina.

SABERES Y TECNOLOGÍAS ANCESTRALES*

1. Pautas generales

El presente es un breve estudio histórico acerca de los saberes y tecnologías ancestrales sobre la base de investigación bibliográfica, que puede resultar limitado si se considera que el tema en sí no ha tenido un tratamiento sistematizado ni un seguimiento exhaustivo por varios motivos. El primero y fundamental es que las tecnologías han sido estudiadas tomando como referente prioritario la corriente occidental de conocimientos, sin que se les haya dado la debida importancia a los conocimientos llamados ancestrales. Como consecuencia de ello, existe una carencia de fuentes bibliográficas especializadas.

Esta actitud de priorizar la corriente occidental de conocimientos, tiene harto que ver con un pensamiento colonial, arraigado entre los estudiosos, y con las propias limitaciones de los esquemas científicos occidentales, por lo cual se ha asumido que el único camino para llegar al saber es la ciencia y la tecnología de Occidente y, por lo mismo, el apoyo a investigaciones, de por sí escasas en Ecuador, ha sido casi nulo en torno a otros saberes, en este caso "saberes ancestrales".

* El presente estudio se realizó en el marco de las investigaciones de la autora con la Coordinación de Saberes Ancestrales de la Secretaría de Educación Superior, Ciencia, Tecnología e Innovación (Senescyt), en 2012.

De otro lado, para el tema que abordamos, el estudio histórico sobre la base de fuentes bibliográficas resulta un gran limitante, pues nos encasilla dentro de un modelo investigativo occidental, el cual sobrevalora las fuentes escritas, la historia escrita, sin considerar que, para indagar en los saberes y tecnologías ancestrales, se vuelve imprescindible comprender (y por lo mismo indagar) la filosofía, el arte, la memoria y la tradición oral que conforman esos saberes y esas tecnologías.

Estas otras fuentes, sin embargo, han sido catalogadas como de menor valía para argumentar y enunciar, de tal manera que se incrustó la idea de que si no hay sistematización no hay ciencia y si no hay ciencia, el conocimiento no es válido, y si lo es, ocupa un nivel jerárquicamente menor. Se ha desconocido así la propia esencia de los saberes ancestrales que, pese a no haber recorrido el camino de la sistematización del conocimiento al modo occidental, sí tiene la misma validez epistemológica y racional.

Para estudiar los saberes y las tecnologías ancestrales, las fuentes escritas no son suficientes, dado que en el transcurso del tiempo de vigencia de tales saberes y tecnologías, no solo perviven los instrumentos o herramientas, los procesos en la elaboración de objetos y piezas artísticas o los modos de producción, sino también los conocimientos que se reflejan en la memoria y la tradición oral y, por supuesto, en los contextos sociales, económicos y culturales (o de sentido), analizables desde puntos de vista diacrónicos y sincrónicos.

Ya que los saberes y tecnologías ancestrales parten de conceptos filosóficos distintos a los occidentales, las fuentes para conocerlos también deben incluir eso distinto. Si no lo incluimos, para el estudio del plano diacrónico por ejemplo, tendremos inevitablemente que referirnos a los datos ofrecidos por los cronistas, las relaciones, los documentos

de viajes y exploraciones de la época colonial, los cuales –
debemos reconocer con responsabilidad sobre el pasado–,
están atravesados por la defensa a una particular religión y
por una ciencia que no le otorga el grado de humanidad al
indígena del Nuevo Mundo[1].

Como indica Domingo Paredes en su libro *Ecuador: ciencia y tecnología precolonial* (1989), fue a través de estos cronistas, relaciones y documentos escritos, que en el pensamiento europeo se elaboraron los criterios sobre las culturas indígenas, teniendo como marco de referencia concepciones teórico-filosóficas esencialmente escolásticas y metafísicas, presentes también en las observaciones y valoraciones de los hechos narrados en dichas fuentes.

> *Fue este marco de referencia [...] el que obstaculizó y deformó la comprensión de los inéditos procesos sociales, locales y regionales. Las determinaciones "providenciales" y el enfoque subjetivo de interpretar los hechos constituyeron los parámetros generales que justificaron la tesis acerca de la "inferioridad" de nuestro continente, y con ello, la ampliación de la empresa colonizadora (Paredes 1989:40).*

De ahí que los saberes y tecnologías ancestrales requieren ser indagados con un método que tome en cuenta los contextos históricos, claro está, pero también el mundo de las manifestaciones y representaciones de las culturas ancestrales. Esto es complicado en el presente estudio, no solo por la brevedad del mismo, sino por el tiempo que nos llevaría una investigación de tal naturaleza, en especial en un tema tan extenso.

Por tal motivo, nos remitimos a las fuentes bibliográficas tradicionales, en lo posible repensándolas de

---

[1] Recuérdese la discusión alrededor de la existencia del alma en los indígenas.

manera crítica, y comprendiendo que el orden cronológico trazado nos introduce en una concepción de tiempo lineal (dentro de los períodos establecidos por la Arqueología y la Historia), distinta a la concepción de tiempo cíclico y espiral propio de las culturas ancestrales.

Es necesario añadir que, en un método de indagación de los saberes y tecnologías ancestrales, tendría que incluirse el concepto filosófico de Kawsay[2], palabra del kichwa que resume la filosofía sobre la cual se asientan esos saberes y tecnologías. Kawsay, en este caso, como principio de totalidad ("somos el cosmos") o de lo que en la actualidad se entiende por "holístico". Es decir, un enfoque desde el espacio, desde el tiempo y desde los sentidos, de tal forma que se incluya lo macro o global junto a lo micro o local, para obtener perspectivas más completas de localización, y se incluya asimismo la influencia mutua entre pasado y presente, así como la consideración de trabajar con socioculturas y no con "aborígenes", "tribus" o "pueblos primitivos".

Es en esta forma que podemos abordar lo ancestral y lo tecnológico, con lo cual estamos contribuyendo a la revitalización de la memoria y del patrimonio, a la construcción de una epistemología que incluya lógicas distintas a la occidental. Por supuesto, si hablamos de Kawsay, en ningún momento podríamos negar lo occidental, puesto que la totalidad es también complementariedad y reciprocidad (como se la entiende en el mundo indígena contemporáneo). De tal manera que el enfoque se enriquece con las herramientas occidentales, vale decir con la ciencia misma occidental que hoy por hoy está buscando sentidos más profundos en lo trans e interdisciplinario e

---

[2] Apuntes de clase de Antropología Aplicada con el profesor Patricio Guerrero Arias.

incluso, como dice el antropólogo Patricio Guerrero[3], en lo "antidisciplinario". He aquí un primer parámetro para el diálogo de saberes, que en el plano académico equivaldría a una "cooperación académica", con su contraparte en idioma kichwa de *mindanakuy*[4].

Del mismo modo, los estudios acerca de saberes y tecnologías ancestrales deben considerar aspectos comparativos y aspectos descolonizadores, en los cuales quede superada la tendencia a universalizar el conocimiento y el pensamiento, y, por el contrario, pueda indagar en la pluridiversidad, desde el respeto mutuo, bajo las mismas condiciones de derecho a lo distinto; en definitiva, desde una interculturalidad megadiversa[5].

En la actualidad, existen ya investigadores que siguen este camino, con lo cual se da un rompimiento con los esquemas tradicionales y se favorece a una nueva época en la que prima la equidad, la construcción de la interculturalidad y por lo mismo el diálogo de saberes.

1.1. Aclaración de términos / terminologías

La palabra "saberes" está relacionada con la palabra "conocimientos", en el sentido de aquella información (hechos o datos) que se adquiere a través del intelecto, del sentimiento y de la acción, y que se produce a partir

---

[3] Ibíd.

[4] La palabra *mindanakuy*, como "cooperación académica", fue planteada por el profesor Armando Muyolema en la conferencia magistral: "Principales retos de la Educación Superior Intercultural en el contexto de la nueva Ley de Educación Superior", que impartió el 31 de mayo de 2012, en el Instituto de Altos Estudios Nacionales (IAAEN), organizado por Senescyt, Ceaacs, IAAEN.

[5] Armando Muyolema (ibíd.) habla de "interculturalidad vista desde la megadiversidad".

de la experiencia, la educación y/o la comprensión teórica y práctica con respecto a nosotros mismos y al mundo, universo o cosmos que nos rodea.

Por su parte, el término "ancestral" y sus derivados, nos remiten a los antepasados directos, a los progenitores y a un origen remoto o antiguo del cual descienden individuos o grupos.

Desde esta perspectiva, todas las culturas son ancestrales, pero el término en las últimas décadas, sobre todo en nuestro país, se relaciona con los conocimientos y específicamente con los conocimientos de las nacionalidades y pueblos originarios o indígenas[6].

La distinción fundamental que se hace entre saberes o conocimientos ancestrales y saberes o conocimientos científicos, se basa en el hecho de que los primeros no han sido sistematizados y los otros sí, de tal manera que la ciencia ha sido vista como un sistema que articula conocimientos, mientras que lo ancestral se ha entendido como una experiencia de vida y no ha pasado por un proceso de construcción lógica y elaboración teórica.

Esto crea una problemática epistemológica, puesto que la epistemología estudia los métodos de estudio de las ciencias y valida el método y el conocimiento junto con el contexto, pero desde un orden racional matemático en donde todo queda ligado al poder cognoscitivo y práctico de la razón. Y entonces el saber ancestral, al no haber sido reconocido como racional ha quedado fuera del hecho epistemológico.

En la actualidad, se plantea reformular las condiciones en las que se ha sustentado el conocimiento racionalista, de lo que resulta un planteamiento también a

---

[6] "Nacionalidades y pueblos originarios, o indígenas" está tomado de: Macas, Luis (2001) "Hacia el reconocimiento del otro". Revista *Yachaykuna*. No. 2, diciembre, p. 3. http://icci.nativeweb.org/yachaikuna/2/macas.pdf (julio 2012).

nivel espistemológico, en el cual los saberes ancestrales sí pueden erigirse como conocimiento equivalente al científico, en el sentido de que también explican los fenómenos que rigen la naturaleza, aunque lo hacen de manera distinta, diferente.

Hay que reconocer que la diferenciación entre el conocimiento científico y el conocimiento de los saberes ancestrales está en debate, pero se asume que los dos tienen validez en la medida en que pasan a formar parte de una experiencia colectiva y asumida socialmente.

La ancestralidad pasa por el tamiz de la validez en cuanto a experiencia de vida en el plano social, por lo mismo, no da cuenta de todo, pero el fundamento es la aceptación y respeto a la comunidad, al cuerpo social y el objetivo final es el sumak kawsay.

El saber ancestral no está en un pasado concebido como linealidad. En la ancestralidad hay una base de vida; el resto puede cambiar pero esa base no porque es el centro, el fundamento. Esa base es el sentido comunitario del saber. Si no se comprende esto, el conocimiento científico pretenderá erigirse como un nivel superior de conocimiento.

Hay que aceptar además que ambos conocimientos tienen límites, pero el conocimiento científico ha subordinado al conocimiento ancestral, en general porque no ha tomado en cuenta a la comunidad como un espacio compartido y una territorialidad concreta, y porque la lógica científica no acepta la intuición.

La generación de conocimiento deberá ser entendida no solo desde el plano académico sino también del comunitario, de la razón comunitaria, de la práctica colectiva de construcción del conocimiento.

El conocimiento de los saberes ancestrales se produce en la práctica, en la experiencia de vida que permite en los seres humanos darse cuenta de sí mismos y del mundo en el que viven. Este conocimiento práctico tiene un plano material, cuando se transmite una técnica por ejemplo, en el que se habla del cómo y el porqué de la práctica, pero tiene también un plano abstracto que lo acompaña y es ineludible. Esto abstracto se refiere a la "percepción ética del mundo", a las "perspectivas de vida", al "deber ser", como entendimiento de lo que se está haciendo y cómo esto sirve o sirvió para la vida[7].

En el conocimiento ancestral actúa el nivel de lo tangible y el nivel de lo intangible. En el uno están las manifestaciones culturales y en el otro las representaciones culturales, donde están los juicios, conceptos, análisis, metáforas, poéticas.

El presente estudio bibliográfico se refiere a saberes y tecnologías ancestrales de las nacionalidades y pueblos originarios o indígenas, pero existe mucho todavía por decir e investigar alrededor de otros conocimientos, llamados tradicionales y/o locales, que incluyen al pueblo afroecuatoriano por ejemplo, y que, en conjunto, también han sido marginalizados por el pensamiento colonial, y que hoy deben revitalizarse para la construcción de la interculturalidad y el diálogo de saberes.

Por último, el hablar de "diálogo de saberes" no es algo abstracto ni mecánico, sino un sistema y método de vida que nos lleva a consensos y no a simples acuerdos. El diálogo de saberes implica el acercamiento entre seres humanos en condiciones de equidad. Es una propuesta de entendimiento entre los saberes que han mantenido históricamente una posición hegemónica y aquellos que, pese a haber sido subalternizados, han mantenido una continuidad histórica. Esto supone el reconocimiento de la validez y utilidad de los saberes diversos y tiene un profundo sentido de justicia.

---

[7] Entrevista a Floresmilo Simbaña en julio 10 de 2012.

1.2. Acerca de las fuentes para la investigación

Entre las escasas fuentes bibliográficas especializadas en torno a los saberes y tecnologías ancestrales, cabe destacar el trabajo de Domingo Paredes, con su libro *Ecuador: ciencia y tecnología precolonial*, publicado en 1989. Con una lectura crítica de la documentación primaria y secundaria que maneja, este autor reconstruye el proceso de "cientificidad latente" (Paredes 1989:41) en el pensamiento precolombino ecuatoriano, haciendo un recuento de las fases histórico-culturales desde Valdivia hasta la época de la conquista española.

Esta obra reconoce la dificultad de articular las producciones conceptuales del pensamiento precolombino en un orden cronológico exacto, pero en cambio, elabora una síntesis de sus rasgos más esenciales, que evidencian la búsqueda de causalidad de los hechos, la elaboración de sistemas conceptuales, el estudio de la realidad "en sentido metódico" y la explicación de la misma "a través de un aparato conceptual sencillo y mínimo, cuyo origen era exclusivamente experimental e intuitivo" (ibíd.:1989:42).

De acuerdo al autor, las manifestaciones tecnológicas no tenían por base un cuerpo teórico determinado, sino que eran producto de prácticas sociales complejas que permitieron crear y recrear conocimientos empíricos precisos. Además, sin utilizar el concepto del *Kawsay*, Paredes habla de totalidad en el conocimiento, lo cual implica que este iba unido a los aspectos religiosos y al sistema de creencias.

Así pues, en el estudio de los saberes y tecnologías ancestrales deben considerarse estos aspectos y no escindirlos como sucede en la ciencia occidental, tomando en cuenta que no por ello se puede hablar de una tecnología "rudimentaria" o improvisada; al contrario, se sujetó a normas prefijadas.

Para facilitar la comprensión del tema en la etapa precolonial, Paredes propone varias fases, establecidas desde el desarrollo de la economía y la división del trabajo. Habla de una primera fase de recolección, caza y pesca, seguida de la fase agrícola, la fase agrícola excedente y la fase de expansión agrícola y comercial (ibíd.:1989:29-33). Sin embargo, apelando al diálogo interdisciplinario, preferimos seguir la cronología de Santiago Ontaneda (2007:20), clasificada por períodos y que da cuenta de la distribución de un conjunto de socioculturas con sus respectivos nombres y fechas, pero agregándole las precisiones que hace Ernesto Salazar[8]:

- Período Paleoindio o Precerámico (11 000–4500 a. C.): El Inga, Las Vegas, Chobshi, Cubilán

- Período Formativo Temprano y Medio (4000–1000 a. C.): Valdivia, Machalilla, Cotocollao, Narrío, Catamayo, Mayo Chinchipe (Palanda), Los Tayos, Pastaza.

- Período Formativo Tardío (1000–300 a. C.): Chorrera, Cotocollao, Narrío, Catamayo, Pastaza.

- Período de Desarrollo Regional (300 a. C. -400 d. C.): La Tolita, Jama-Coaque I, Bahía, Guangala, Tejar-Daule, Jambelí, La Chimba, Jardín del Este, Narrío, Catamayo, Cosanga, Upano.

- Período de Integración e Inca (400–1532 d. C.): Atacames, Jama-Coaque II, Manteño-Huancavilca, Milagro-Quevedo, Yumbo, Nigua, Sigchos, Angamarca, Tsáchila, Chimbo, Pasto, Caranqui, Chaupicruz, Panzaleo, Hoya de Patate, Puruhá, Cañari, Palta, Cosanga, Napo, Inca.

---

[8] http://www.arqueo-ecuatoriana.ec/es/bibliografia.

Sobre estos períodos, y en general sobre el tema arqueológico, podemos encontrar una vasta bibliografía en la página web: *www.arqueo-ecuatoriana.ec/es/bibliografia*, dividida en secciones de carácter general, geográfico, temático y por períodos. Aquí se puede apreciar que no existen contenidos dirigidos alrededor del tema de los saberes y tecnologías ancestrales. Lo propio ocurre con crónicas, textos, libros, revistas, y documentos de distinta índole que tratan lo precolombino, por lo cual en nuestro estudio debimos inferir desde los contenidos. De todas maneras, sí hay estudios específicos que aparecen en artículos de libros y revistas que nos orientan en el tema, pero son mínimos.

Existe bibliografía especializada en países como Perú y México principalmente, que sirven para ubicarnos en contextos macro, en los cuales se evidencia la relación, desde tiempos remotos, entre los pueblos de nuestra América o Abya-Yala como denominaban al continente los indios cunas de Panamá. En especial los estudios peruanos merecen atención porque están íntimamente relacionados con los procesos ecuatorianos.

La tarea de la investigación en saberes y tecnologías ancestrales es pues bastante compleja y requiere de un gran apoyo de la ciencia occidental, siempre y cuando el apoyo se enmarque dentro de relaciones de equidad, que son las que en definitiva abren la puerta al diálogo y específicamente al diálogo de saberes.

De otro lado, y para continuar el estudio en la época de la conquista y la Colonia, diremos que se produce un quiebre que abarca todos los estamentos de las socioculturas precolombinas. Todo el trabajo intelectual y tecnológico de las mismas se reduce a porcentajes alarmantes, a la par que se reduce la población por el genocidio y las enfermedades. Los habitantes de Abya-Yala son esclavizados y explotados y sus saberes prohibidos, destruidos, menospreciados. En condiciones de espantosa marginalización, empobrecimiento y miseria, la única opción para sobrevivir era el trabajo de sol a sol. Los indígenas no tenían espacios ni tiempos para mantener o proseguir los grandes avances a los que habían llegado, muchos superiores a los alcanzados en esos momentos por los europeos.

De todo fueron marginalizados: de la dirección y organización de los procesos de trabajo, de la organización y administración de los aparatos estatales, de la producción y desenvolvimiento de la ciencia, el arte y todas las actividades cognoscitivas. Permanecieron algunos saberes y algunas tecnologías, pero fueron utilizados para beneficio de los invasores. Sin embargo, un hilo sutil se mantuvo vigente y presente, construyendo una resistencia de siglos que hoy está dando sus frutos y que evidencia la fuerza e importancia de los saberes y tecnologías ancestrales. Es que los pueblos y los seres humanos siempre tienen formas de expresar su riqueza interior, su inteligencia y creatividad más allá de las condiciones depauperantes.

Si es complicado hallar bibliografía especializada con relación a saberes y tecnologías ancestrales de la época precolombina, es todavía más complejo hallar algo de la época colonial y republicana. Todos los estudios se dirigen a la historia y al avance de la corriente occidental de pensamiento, que incluyen los preceptos de la religión judeo-católica. La misma academia traza la línea de estudios e investigaciones desde las fuentes formales de pensamiento, cuya secuencia sigue los caminos de Egipto, Grecia y Roma, desconociendo y minimizando todo lo que no sea occidental. Así, el referente siempre es el europeo y después el norteamericano. Solo en las últimas décadas empiezan a salir las voces desde América Latina[9], lo cual

---

[9] También hay propuestas nuevas desde otros lugares del mundo, en especial desde aquellos considerados "subdesarrollados".

contribuye a un repensar crítico y autocrítico que llega en la actualidad a interesarse por los saberes y tecnologías ancestrales como parte inseparable del hecho cognoscitivo y por lo mismo epistemológico.

En las fuentes bibliográficas que se refieren a la Colonia y a la República, se pueden hallar esporádicos estudios sobre saberes y tecnologías ancestrales, los mismos que hacen referencia, en su mayor parte, a los sistemas de salud y a los sistemas agrícolas, lo cual nos da la idea de que son los dos conocimientos más estructurados, firmes y completos que parten de un origen precolombino. Por supuesto, no existe una línea directa "pura". La conquista española trajo nuevas visiones, ideas y prácticas que fueron asumidas y aceptadas por las poblaciones originarias, enriqueciéndolas o adaptándolas a su quehacer cotidiano, y esto se evidencia, precisamente y sobre todo, en los sistemas de salud y agrícolas.

A lo largo de la Colonia y después con la República, los saberes y tecnologías ancestrales han continuado su derrotero particular que ha sido muy poco investigado y que está presente en la memoria y la tradición oral, esta última patrimonio de los pueblos indígenas que, expulsados de los procesos de aprendizaje de la lectoescritura, la han desarrollado a niveles que permiten la indagación y la revitalización tanto de los saberes y tecnologías, como de las artes y la filosofía.

En la actualidad, la presencia de estos saberes y tecnologías, de estas artes y filosofías, se alza con voz propia y busca también una sistematización desde lo propio, con las herramientas que brinda el acceso democrático y participativo al estudio, a la investigación, a la utilización de las nuevas tecnologías. Es pues en este contexto último que se puede construir el diálogo entre el saber científico y el saber ancestral. Un diálogo que genere procesos de desarrollo con visión integral, holística, vinculados al concepto de la totalidad o Kawsay y más aún al de Sumak Kawsay o Buen Vivir, establecido en nuestra Constitución. Es decir, procesos de desarrollo sostenible, incluyente, equitativo y polifónico.

1.2 Pautas cronológicas

Los saberes y tecnologías en la etapa precolombina pueden, a grandes rasgos, resumirse así[10]:

Período Paleoindio o Precerámico: Sociedades cazadoras-recolectoras. Uso de piedras, huesos y madera en el diseño de instrumentos; piedra tallada, láminas, raspadores, buriles, raederas, cuchillos, hachas de mano, etc. En grupos culturales como Ilaló, Jondachi, Otavalo, Tabacundo, Cotocollao, Nayón, Puengasí, Lloa, Papallacta, Manantial. Destácanse los sitios de evidencias en El Inga, Chobsy, Cubilán y Las Vegas.

Período Formativo Temprano, Medio y Tardío: Sociedades agro-alfareras. Con el descubrimiento de la agricultura se añaden y transforman los saberes y las tecnologías. Se desarrolla la alfarería, el pulimento de piedras, el trabajo en conchas, la cordelería, la producción de tejidos, etc. En grupos culturales como Valdivia, Machalilla y Chorrera. Destácanse los sitios de evidencia en Valdivia, Real Alto, Chorrera, Cerro Narrío, Pirincay, Cotocollao.

Período de Desarrollo Regional: Señoríos teocráticos. Metalurgia, producción textil a mayor escala, navegación de cabotaje, uso de piedra pulida. En grupos culturales como La Tolita, Jama-Coaque, Bahía, Guangala, Panzaleo, Tuncahuan, Narrío. Destácanse los sitios de evidencia en La Tolita, San Isidro, Bahía, Jama-Coaque, Panzaleo I, Tuncahuan, Narrío II.

---

[10] Tomado de Domingo Paredes (1989:30-32) y Eduardo Almeida Reyes (1999:6,8,12,16).

Período de Integración e Inca: Sociedad agrícola-estatal. Acelerado ritmo en desarrollo de metalurgia, agricultura y técnicas de navegación. En grupos culturales como Atacames, Manta, Milagro-Quevedo, Daule, Cochasquí, Napo, Cañari, Cuasmal, Puruhá, Urcuquí, Quitus, Inca. Destácanse sitios de evidencia en Tomebamba, Ingapirca, El Salitre, Rumicucho.

Este resumen se completa con los logros conseguidos en: medicina, astronomía, matemáticas, construcción, transporte y comunicación, técnicas de conservación del ambiente y microclimas, y en la esfera tecnológica para la producción de bienes materiales provenientes de la agricultura, industria, metalurgia, orfebrería, minería, etc.

Por último, cabe indicar que en todos estos períodos hubo un constante flujo de información, comunicación y comercio entre la distintas socioculturas, que se extendió a territorios lejanos tanto del sur como del norte del continente, gracias al desarrollo de la navegación. Este contacto puede considerarse como el antecedente precolombino del diálogo de saberes. Asimismo, en la época incásica y más allá de las guerras de conquista por parte de los incas en su afán de ampliar territorios y dominios, ocurrió también un entrecruce de prácticas, vivencias y concepciones.

2. Estudio específico

Aquí ofrecemos una visión más detallada de los saberes y tecnologías ancestrales que intenta recorrer la época precolombina, la Colonia y la República, con una división tentativa para facilitar la comprensión y análisis, pero sin que esto implique una división en tiempos y espacios de manera definitiva, cosa por otra parte imposible de hacer cuando hablamos de continuidad histórica e interrelación cultural.

2.1. Tecnología lítica

Estudios aislados acerca del trabajo en piedra en el Ecuador han dado mayor importancia a los artefactos, a través de estudios tipológicos y morfofuncionales, como productos finales, sin considerar el proceso que se inicia desde la obtención de la materia prima. En este sentido, es importante el trabajo de María Angélica Carluci (1963) sobre el período Paleoindio, en el sector de El Inga, sobre las laderas nororientales del cerro Ilaló, en donde se han encontrado los vestigios arqueológicos más antiguos del Ecuador, que datan de unos 11 000 años a. C. La autora aborda el estudio de las puntas de proyectil y presenta dibujos y fotografías del material hallado en su mayor parte en yacimientos superficiales, el cual consiste en dichas puntas, más núcleos, lascas, raspadores, perforadores, majadores tallados, raederas, cuchillos. Los objetos son por lo general de obsidiana, pero también los hay de basalto, pedernal y sus variedades, ágata y jaspe. Los lugares donde se encontraron las piezas no muestran huellas de poblamiento humano estable, pero se evidencian en algunos sitios restos de taller.

Según la autora, lo hallado "representa la fase más antigua en la industria del Paleoindio ecuatoriano, la cual estaría enlazada directamente con las más viejas culturas de cazadores norteamericanos" (ibíd.:37). Asimismo, comprueba...

> *...un orden que también se advierte en otros lugares de América, que se manifiesta primero en largas puntas lanceoladas, con marcado predominio y una duración bastante prolongada; que más adelante es simultánea con puntas grandes y medianas, foliáceas y triangulares pedunculadas.*

Del texto de Carluci se desprende: la presencia de culturas de alta antigüedad en el Ecuador, que utilizaban técnicas de tallado (como el oblicuo) presente también en otras culturas antiguas de América, la relación con tradiciones del sur del continente y la continuidad de la "industria lítica" a lo largo de la serranía ecuatoriana.

Otro estudio, aunque corto, es el realizado por Angelo R. Constantine, en el sitio Grefa, en la cuenca del río Canoayacu, provincia del Napo, en donde analiza la tecnología y cadena operativa lítica relacionada a los instrumentos de piedra encontrados. Para este autor, existe una relación entre el proceso tecnológico, la intencionalidad de quien trabajó el instrumento y la funcionalidad de dicho instrumento. Así, incluye en el proceso tecnológico desde la recolección de la materia prima hasta la utilización y desecho de la pieza resultante.

Lo relevante de Constantine es que se ocupa de los estudios líticos con el objetivo de analizarlos dentro de los contextos excavados y dentro de los contextos sociales.

Si bien nuestro trabajo, se basa en interpretar a través del dato empírico los procesos técnicos y tecnológicos en la manufactura de artefactos en roca, no olvidemos que las sociedades de bosque tropical aprovechan los recursos del medio ambiente como: maderas, fibras vegetales, greda y rocas, transformando la materia prima en instrumentos de uso cotidiano y suntuario, llegando a resolver problemas de desarrollo.

Los contextos excavados tomados en consideración para nuestra interpretación de los sistemas de producción líti-ca, a través de una cadena operativa, fue basándose en la asociación de los ítem culturales y la organización de los sistemas tecnológicos.

La producción lítica registrada en Grefa, está constituida por un conjunto de procesos, encaminados a la fabricación de instrumentos de piedra, las técnicas de manufactura y adquisición de la materia prima (Constantine s/f:16).

A continuación el autor señala las técnicas, empezando por la adquisición de materia prima, lo cual implica un conocimiento en la selección apropiada y el transporte con criterios de calidad, morfología y volumen. Luego, con la transformación de esta materia prima, ocurren procesos tecnológicos puntuales, como la preparación de los cantos oblongos mediante la técnica de incremento de temperatura, el desbaste de los núcleos "sujeto a una sistematización en la extracción de las lascas" (ibíd.:17).

En otro estudio del mismo autor (2011), se habla en cambio de 1688 artefactos encontrados en la margen derecha de la llanura aluvial del río Baba, cantón Buena Fe, provincia de Los Ríos, que datan de 8360 a. C., y de las técnicas de talla y preparación, cuyo aporte es la comprensión de "las distintas estrategias tecnológicas empleadas por los primeros habitantes de la selva lluviosa tropical".

Durante el transcurso de los siglos, la tecnología lítica se fue perfeccionando en el Ecuador. En todas las culturas y en todos los períodos ha estado presente la piedra, para producir artículos de la más variada índole, desde piezas decorativas hasta vías, puentes y monumentos. Esta es quizás el área más olvidada en el estudio de las sabidurías y tecnologías ancestrales, en especial porque se la incluye con aspectos de la construcción en donde la piedra pasa a ser un elemento más, sin que se hayan podido determinar en forma minuciosa las técnicas utilizadas para obtener, por ejemplo, precisiones geométricas.

Durante la Colonia y la República, los conocimientos ancestrales sobre la piedra fueron relegados al trabajo manual por oposición al trabajo intelectual y pasaron a ocupar el espacio de la artesanía. En la actualidad, la tradición del trabajo en piedra la conservan varias comunidades en el Azuay y en Imbabura especialmente. Una investigación en estos sectores puede arrojar luces sobre la trayectoria recorrida del saber ancestral, ligado en muchos casos a petroglifos, como los del sendero de Rumiurco-Cojitambo, estudiados por Tito Astudillo (2006), y con esculturas gigantescas de origen cañari, como las estudiadas por Teodoro Rodríguez Muñoz (2011), las cuales nos abren una puerta más para el conocimiento y reconocimiento de nuestras raíces.

2.2. Agricultura

El descubrimiento de la agricultura habría constituido una verdadera revolución en todos los ámbitos del quehacer social, por tanto la importancia que tiene en las culturas más antiguas del Ecuador es de enormes proporciones, en especial porque está ligada a uno de los saberes y tecnologías ancestrales que han perdurado hasta la actualidad: los sistemas de riego y conservación del ambiente, ya desarrollados desde la cultura Valdivia.

Los pueblos originarios han dado al Ecuador una base fundamental para su alimentación. La lista de los cultivos principales precolombinos es muestra de ello: maíz, quinua, fréjol, ají, zapallo, achogcha, achiote, amaranto, etc.

Hay que tomar en cuenta que cada cultivo demandó la implementación de técnicas como la "temporal" en el caso de la papa o la del riego y abono en el caso del maíz. Además, cabe recalcar todos los sentidos vinculados al maíz, que permanecen hasta la actualidad.

La investigación sobre el maíz tiene aún contradicciones, pues no se puede asegurar su datación exacta en Ecuador. Lo que sí se sabe es que la cultura Valdivia utilizó técnicas concretas, aún desconocidas, al modo de una genética empírica pero con resultados de adaptación impresionantes. En este sentido, se deben apoyar las investigaciones, pues podría pensarse que es Valdivia la cultura de América pionera en el domesticación del maíz. El maíz puede ser cultivado en todas las regiones del país y para revitalizar los saberes y tecnologías ancestrales es necesario no solo apoyar las investigaciones sino fomentar el cultivo y consumo del maíz en sus múltiples formas, tomando en cuenta que en las últimas décadas ha sido sustituido por el trigo y tiende a desaparecer del consumo familiar.

De las técnicas productivas y los instrumentos creados por culturas como Las Vegas, Chopshi y El Inga, cabe nombrar los cuchillos de obsidiana, los raspadores de basalto, machacadores, perforadores, lascas, raederas con piedra, madera y hueso. Esto se juntó con los sistemas de riego, rotación de cultivos, fertilización, uso de abonos, construcción de camellones y terrazas.

Las técnicas autóctonas incluían el cultivo en tierras de aluvión como en el caso de la cuenca del Guayas; el cultivo en camellones en lugares con alto índice pluviométrico como en las culturas Milagro-Quevedo y de la Sierra norte; el cultivo en tierras secas con andenes y terrazas como en Manabí; el cultivo en suelos tropicales y subtropicales con técnicas de roza y quema, además de técnicas de cultivos asociados.

El instrumento más antiguo fue la chaquitaclla que aún subsiste aunque modificada y se la conoce como espeque. Se la utiliza para la siembra de maíz principalmente; consiste en un bastón de madera curvado de 1 o 2 m de largo manipulado con la fuerza de los brazos y de una pierna. Sirve para arar el suelo, sembrar y cosechar (Erazo Rodríguez 1994:54).

El instrumento principal fue el arado simple:

> *Un "palo" de 1,50 m de largo y 6 a 7 cm de ancho y cuyo extremo inferior lo labraban en forma de punta, la misma que se usaba para excavar la tierra; y, a 40 ó 30 cm del extremo inferior, diseñaban un estribo especial de dos "palos" atados fuertemente al principal. De este modo, el labrador, utilizando el pie y con una potencia adecuada, hincaba el arado hasta el estribo* (Inca Garcilazo de la Vega citado por Paredes 1989:93-94).

Eduardo Estrella en su estudio *El pan de América*, sintetiza los principales instrumentos de trabajo agrario precolombino: tula (arado manual), maquitola (tola de mano), palondra (pala de madera), llachu (azada larga de madera), arma (escarbador), hualmo (se usaba para sembrar maíz), huashmo (usado para cavar papas), chaquín (usado para sembrar maíz), tipina (usado para deshojar la mazorca de maíz) (citado por Paredes 1989:94).

La construcción de terrazas de cultivos fue una de las formas más notables de preparación de los terrenos; de estas quedan vestigios en las provincias de Cotopaxi y Chimborazo, en especial las ubicadas en los alrededores de la laguna de Colta. Además, varias poblaciones ubicadas en distintos pisos ecológicos las utilizan, como en Colta, Flores, Licto.

A todo esto se suma el uso microvertical y conservacionista de diversos pisos ecológicos, lo cual está relacionado tanto con el modo de siembra como con los sistemas de regadío o riego, que son muy importantes y han contribuido a las tecnologías occidentales. Los canterones, por ejemplo, permiten el riego en áreas pequeñas, en pendientes sin terrazas. El canterón es un surco serpentino que permite al agua bajar por las pendientes sin causar mucha erosión (Erazo Rodríguez 1994:77).

Las terrazas agrícolas se remontan al año 600 a. C., tanto en la zona de Tamaulipas, México, como en la sierra central peruana. En nuestro país se calcula que en el año 1000 d. C. estaban en vigencia. Se reconocen 47 sitios de terrazas antiguas en las provincias de Carchi, Imbabura y norte de Pichincha, aunque también se las ha observado en Cotopaxi, Chimborazo y en el Alto Jubones (ibíd.:84 y 87).

> *El sitio Ashcu Huarcuna (Cacha), es el que mejores posibilidades arqueológicas presenta. Primero, porque esas construcciones arquitectónicas de las terrazas son monumentales; los dos terraplenes tienen cerca de 100 m de longitud por más de 3 m de altura, cada una como ya señalamos, además, construidas con bloques de cangahua, cuyos muros tienen doble hilada que forman los paramentos de contención del suelo arable, que alcanzan un ancho (huella) de 10 m aproximadamente, a diferencia de las demás terrazas que modifican las pendientes, estas se ubican en la parte alta del cerro de proporciones pequeñas (3 ha aproximadamente). Junto al terreno con terrazas aparecen varios hundimientos que contienen segmentos de muros de bloques de cangahua semienterrados, que podrían estar demostrando un seguimiento en el patrón constructivo de terrazas. Otro elemento que llama la atención es la presencia de pozos circulares profundos excavados directamente en el piso de cangahua. El área está delimitada por muretes (cuatro hiladas en altura como promedio, construidas con bloques de cangahua completamente meteorizados) (ibíd.:89).*

Se puede nombrar, además, las terrazas en Larca Quingray (Chimborazo) construidas con bloques de cangahua.

En cuanto a las albarradas, construidas en las zonas más secas, se definen como "humedales lénticos artificiales o reservorios de agua artificial". Son...

> *...construcciones hidráulicas que poseen muros de tierra bien definidos (denominados cabecera y brazos). Sus formas son variadas: circulares, semicirculares (forma de herradura) o circular alargada (con cola). Se llenan mediante un proceso de lenta acumulación de agua de lluvia proveniente de las escorrentías que bajan de las elevaciones cercanas, aunque también pueden llenarse con el agua de pequeños cauces que corren durante la estación lluviosa (Marcos Pino y Bazurco Osorio 2006:93).*

El sistema de albarradas ha tenido reconocimiento en documentos coloniales y forma parte de la cultura en toda la región de la Costa ecuatoriana, desde muy tempranas épocas.

En la baja cuenca del Guayas se inició paralelamente la construcción de lo que se conoce como campos de camellones (2000 a. C.) (para las zonas más húmedas), que junto a las albarradas fueron desarrollados con gran eficiencia por la cultura Manteño-huancavilca. Estas últimas tenían como objetivo salvaguardar los suelos de cultivo del litoral y reservar y conservar en buenas condiciones el agua para consumo humano, así como prevenir procesos de erosión y garantizar la recarga del acuífero superior. El agua acumulada podía ser recuperada mediante el uso de pozos someros. Todo eso minimizaba los efectos adversos del fenómeno El Niño y aprovechaba en forma eficiente el exceso de agua. Las albarradas son utilizadas en la actualidad, no así los campos de camellones. "A pesar de los estudios llevados adelante por el proyecto *Tecnologías Agrícolas Antiguas* (1982-1985), que demostraron la alta productividad del sistema, el impacto del programa arrocero de los años de la revolución verde y la expansión urbana, ha dado al traste con su sustentabilidad y replicabilidad" (ibíd.:95).

Lo anotado arriba debe ser evitado si se quiere revitalizar los saberes y tecnologías ancestrales. La inclusión de estudios al respecto, junto con la puesta en práctica de políticas adecuadas que garanticen su ejecución, debe ser materia prioritaria en lo relacionado a agricultura para el Ecuador. Es sobre este tema que mejor puede establecerse el diálogo de saberes, ya que involucra una parte técnica que se vincula al mundo de la academia, otra social y otra ecológica, que pueden caminar juntas para beneficio mutuo y del país en general. De hecho, existe interés por parte de empresas y haciendas agrícolas de la Costa.

Las mejoras técnicas en las albarradas, muestran con claridad un desenvolvimiento en el tiempo. Hasta inicios del siglo XX se las denominaba "jagüeyes", "ciénagas" o "pozas" y su sistema de construcción se ha mantenido casi invariable, esto es, con técnicas que inician con el examen y localización de la zona para la construcción de acuerdo a criterios específicos, pasando por procesos especializados que incluyen remoción y acarreo de sedimentos, limpieza y mantenimiento (ibíd.:101-102).

A los jagüeyes se agregaron pozos que aseguraron el acceso al agua de las poblaciones. Y ya en época colonial (1550), se usaron también como abrevaderos de ganado y han servido hasta la actualidad como mecanismo de sostenibilidad ambiental. Lo relevante es que este sistema fue compartido por distintas sociedades precoloniales y por lo mismo da cuenta de un ejemplo de diálogo de saberes, presente desde la antigüedad.

Hasta la década del cincuenta casi no habían sufrido cambios en sus técnicas de construcción, mantenimiento o ampliación, hasta la introducción del uso de maquinaria pesada, como el buldócer y la retroexcavadora. La problemática alrededor de este tema está relacionada estrechamente con la ética tecnológica[11].

En la zona serrana, sobre todo en los Andes septentrionales, el nombre dado a los camellones es "campos elevados", cuyas huellas han sido destruidas casi por completo por el uso de maquinaria para el agro. Sin embargo, hasta las décadas de los ochenta y noventa eran más visibles en Cayambe, Sigsicunga (oeste de Otavalo), Angochagua (valle del río Tahuando), La Libertad (Carchi) y en general en zonas frías. Su objetivo era regularizar el abastecimiento de agua, combatir las heladas y, a más del alto rendimiento que proporcionan a la agricultura, su uso fue asimilado por los conquistadores españoles (Caillavet 1989:111-112).

Para Chantal Caillavet, la investigación acerca de los campos elevados, tuvo como base fuentes tales como testamentos, litigios sobre tierras, descripciones del parcelario por los indígenas, lo cual da una idea clara de las posibilidades que se abren para la indagación de los saberes y tecnologías ancestrales. Además, Caillaver acude a los topónimos (otra fuente importante) y llega a la conclusión de que el nombre preincaico para camellón es *pigal*, de acuerdo a un testimonio indígena de 1591 y por el empleo, en 1626, de este término en la agricultura con relación al sitio del lago San Pablo, que al momento era denominado Pijal (ibíd.:112). (De ahí que deben apoyarse las investigaciones de la etnolingüística que abren puertas al pasado y a la memoria).

Estos campos elevados también fueron conocidos simplemente como "lagunas", "cochas", "ciénagas", "acequias", "zanjas", "quebradas", "fosos" y "chorreras", por lo que podrían confundirse con paisajes naturales pantanosos. Sin embargo, en muchos casos se trataría

---

[11] El tema de la ética tecnológica está desarrollado en Paz y Miño (2010) (ver bibliografía).

de acondicionamientos hidráulicos intencionados, que merecen mayor investigación. Por otra parte, en el siglo XVI se hablaba también de "chambas", de acuerdo a la terminología kichwa, que son muros pequeños construidos según técnicas prehispánicas: "con la capa superficial herbosa de suelo que es necesario eliminar para la agricultura", y presentes en la región de Otavalo, antes de la introducción del ganado bovino y ovino (ibíd.:114).

Lo interesante de las chambas es que ejemplifican un modo de diálogo de saberes para el siglo XVI pues, al ser seguidas paralelamente por fosos, no se podría distinguir "entre técnica autóctona y técnica colonial". Al parecer es una técnica ancestral pero cabe la duda porque se la utilizaba para el ganado que, como sabemos, es introducido, aunque en la investigación de Caillavet se indica que "el uso de la chamba con foso o del foso solo (llamado entonces "zanja") para protección del ganado, no es una práctica europea introducida por la colonización, sino un aprovechamiento colonial de una técnica autóctona dirigida a otro fin" (ibíd.:115).

Lo propio ocurre con otras referencias a técnicas de control del agua:

> *Resulta difícil separar las que son de introducción colonial y que forman parte de un sistema de riego exclusivo, de las autóctonas: mayormente porque algunas son de fecha reciente, es decir, impuestas por la dominación incaica. Algunas, sin embargo, podrían atribuirse a las sociedades locales, pero es probable que las acequias coloniales hayan aprovechado en muchos casos los trazados existentes para integrarlos en una red ampliada [...].*
>
> *En el sistema andino, al contrario del europeo, son las acequias más alejadas de la toma de agua principal, las que reciben primero el agua, mientras que se riegan las parcelas cercanas al final. Tal técnica tiene por finalidad preve-*

nir la erosión al limitar la bajada de los suelos fuertemente empinados: manifestación de una preocupación ecológica esencial en las agriculturas de las sociedades amerindias (ibíd.:116).

El aporte de Caillavet frente al tema de los saberes y tecnologías ancestrales, consiste en que explica los distintos intereses y formas de vida que están atrás de las técnicas, con lo cual nos revela que la técnica no está fuera del campo político e ideológico, aspecto a ser tomado en cuenta para que ocurra un pensamiento y un accionar crítico y descolonizador. Para respaldar este enunciado, nos remitimos a las propias conclusiones de Caillavet con relación a lo sucedido en los siglos posteriores a la conquista y que empezó con la introducción del ganado (cuya consecuencia fue la ocupación del espacio agrícola con fines de pastoreo extensivo), y con la deforestación, por el uso indiscriminado de madera.

> *En los Andes septentrionales, la colonización ha impuesto una agricultura de orientaciones y técnicas importadas desde España, sin reconocimiento ni adopción de los métodos agrarios autóctonos, salvo en contados casos de importancia secundaria (chambas, fosos). La prioridad absoluta concedida a la ganadería y al cultivo de cereales acarrea una conversión del espacio agrícola en tierras de secano y regadío, con sus corolarios de un sistema de riego por acequias de tradición mediterránea y de la práctica del barbecho. Por otra parte, el desarrollo urbano e industrial implica tal consumo de madera que provoca la desaparición de la cubierta forestal, y con ella, de una fauna salvaje (ibíd.:124).*

Cuando revisamos la historia de la ganadería del Ecuador, podemos comprobar que desde el siglo XVII las haciendas empiezan a especializarse en la crianza de ganado ovino y animales de carga y que al caer la demanda de lana en el siglo XVIII, se refuerzan las actividades agrícolas en especial hacia el cultivo del trigo, cebada, papas y maíz, con intensificación de mano de obra y sin introducción de técnicas, con lo cual podemos afirmar que se mantuvieron saberes y tecnologías ancestrales combinados con modos de producción europeos.

Para entonces, la actividad lechera era secundaria pero la expansión del mercado y el desarrollo de obras de infraestructura de vías y en especial la presencia del ferrocarril, contribuyeron al énfasis de los hacendados en la actividad ganadera, sobre todo en la zona de Cotopaxi, la cual va en aumento hasta las décadas de 1940 y 1950, cuando se provoca una introducción masiva de tecnologías occidentales y a la par se les otorga alto apoyo económico e investigativo, como se evidencia en el estudio de Osvaldo Barsky y Gustavo Cosse (1981).

Este hecho que continuará hasta la consolidación de la empresa esencialmente lechera y a la fuerte inversión de capital en la hacienda mixta agrícola-ganadera (en donde lo agrícola se ha privilegiado en relación a los productos de exportación), ha beneficiado a pocos productores ecuatorianos y plantea las orientaciones sobre la investigación en el siglo XX.

> *En el caso ecuatoriano quienes han sustentado el poder han sido los que han dirigido, de una u otra manera, las orientaciones de la investigación. Tanto en términos de los productos a los cuales se otorgó prioridad cuanto de los beneficiarios de esos esfuerzos. En una sociedad donde los recursos para la investigación se canalizan a través del aparato estatal, aquellos que han manejado a éste han dirigido los recursos al conocimiento de los problemas y tecnologías de los productos donde se asienta su poder económico, esto es la base económica que sustenta el poder político (Mena 1984:78).*

Lo dicho por este autor es un llamado de atención en los momentos actuales para, desde el diálogo intercultural y el diálogo de saberes, remediar esta situación para que se apoyen las corrientes investigativas y de proyectos prácticos alrededor de la agricultura sostenible que tiene sus raíces en los conocimientos ancestrales y que pueden inscribirse también como "necesidades nacionales" no excluidas de tecnología, de lo contrario puede producirse una verdadera crisis en la agricultura y una pérdida de los sistemas integrales de producción propios de los campesinos andinos.

Una interesante propuesta para el diálogo de saberes nos ofrece el autor Oscar Mena:

> *La formación de los recursos humanos deberá tomar en cuenta aquellas áreas donde el país demanda el concurso de profesionales capaces de buscar soluciones a los problemas más importantes del agro ecuatoriano. Esto implica que tanto la educación media como la superior se deben orientar, de la mejor manera, a fin de articular su acción con los instrumentos de investigación y los sectores marginados del campo, combinando la actividad académica con la investigativa, buscando contribuir a la solución de los problemas nacionales (ibíd.:82-83).*

2.3. Técnicas textiles

En estrecha relación con la agricultura está el cultivo del algodón desde la cultura Valdivia, el más importante en toda la región costera ecuatoriana para la elaboración de prendas de vestir. Las técnicas empleadas en la etapa precolombina no se han estudiado a profundidad y se las deduce de prácticas encontradas en los pueblos de la Amazonía, lo cual merecería mayor investigación, dado que los pueblos amazónicos, por su modo de vida han puesto atención, más que en el vestuario, en la confección de otro tipo de objetos relacionados con la pesca, caza, navegación, y además porque no se puede trasladar una realidad temporal y espacial a otra, sin un sustento adecuado.

Las dificultades para el estudio de las técnicas textiles y los saberes ancestrales vinculados a ellas radica en la casi imposibilidad de hallar restos orgánicos en los vestigios arqueológicos, por lo tanto se ha identificado su existencia a través de pruebas indirectas, como...

> *...el hallazgo de una impronta de tejido en un fragmento de cerámica de Real Alto, la reiterada presencia, especialmente en los sitios Valdivia, de los torteros o discos de huso, indispensables en el proceso de hilado del algodón [...] la cordelería, demostrable por la decoración cerámica llamada impresión de cuerda, a más de los anzuelos y otros testimonios (Almeida Reyes 1999:9-10).*

De acuerdo a Olaf Holm (1978:260-261), son las fuentes escritas de carácter proto y etnohistórico de los primeros años de la conquista las que pueden dar algunas luces con relación, por ejemplo, a la cordelería; de ellas se desprende la utilización de la cabuya para la fabricación de sacos, trenzados, cuerdas, calzado, etc., en los puentes colgantes y tarabitas, y en la elaboración de oroyas o cestos. La cordelería precolombina de algodón contribuyó a los navíos en los siglos XVI y XVII.

En los estudios de Holm (ibíd.:264-266) también se pueden apreciar técnicas concretas que se desarrollaron en el recinto de Joá, en la provincia de Manabí, cercano al río Jipijapa, en donde, a partir del árbol de jaile se extraen fibras similares a las de la cabuya y con técnicas específicas se llega a producir cordelería que, de acuerdo a este autor, proviene de un "invento independiente, americano, de probable ancestro precolombino, y no una degeneración o modificación posconquista".

Menos estudiado es el uso de la lana de ceibo, presente hasta la actualidad en muchas comunidades de la Costa. Por ejemplo, en Sacachún, provincia de Santa Elena, el ceibo fue comercializado hasta la década del cincuenta y todavía se utilizan procesos técnicos desde la recolección de la materia prima hasta la elaboración de colchones y almohadas, básicamente. Los comuneros de la zona cuentan cómo la lana de ceibo fue perdiendo su valor con respecto a otros materiales extranjeros, cuya incorporación al mercado nacional marcó uno de los motivos del empobrecimiento y falta de empleo de la población (Paz y Miño 2010).

Por su parte, en la Sierra, si bien se utilizó también el algodón, dada la relación intercultural que existía desde tiempos preincásicos, se difundió la producción textil lanera cuya materia prima se obtenía de la alpaca, la vicuña, la llama. De los vestigios arqueológicos de Cotocollao (en las faldas del volcán Pichincha) se determina el uso del telar por el hallazgo de torteros de cerámica y la existencia de agujas y punzones de hueso. Hacia el lado sur serrano se han encontrado huesos de venado de cola blanca y de conejo, huesos de llama que indicarían la utilización de pelo y carne de estos animales. En el valle del Cañar, en el período Formativo se encontraron herramientas indispensables para el tejido, como punzones, agujas, agujetas, espátulas, varillas, muescas, puntas de asta de venado, espinas de raya y huesos de llama y venado (Almeida Reyes 1999:11).

Se sabe que durante el incario la producción textil alcanzó altos niveles de tecnificación con la existencia de almacenes y depósitos de ropa, asimismo comunidades enteras se dedicaban a la actividad textil con la utilización de telares horizontales, verticales y de faja o cintura. La materia prima se sacaba de los camélidos. En las investigaciones del Pucará de Rumicucho se han registrado más de 200 herramientas de tejido trabajadas en hueso de estos animales (ibíd.:24-25).

A todo esto se agrega el dominio del tinturado que implica técnicas precisas y el conocimiento de fibras vegetales y minerales, y mordientes. En cuanto a obtención de pigmentos de productos animales, debe darse importancia a la cochinilla que existía en abundancia pero durante la Colonia casi se provoca su extinción. Ahora se la encuentra en Perú y en el Cañar en forma escasa y por lo mismo, es de alto valor en el mercado. La revitalización de la cochinilla y sus usos debería trazarse como estrategia, ya que esta crece en un tipo de cactus que está también en peligro de extinción y cuyo hábitat es el preferido de esta especie de insecto, por lo que no se causaría daño a la naturaleza y por el contrario, sería una fuente de ingresos para muchas personas y de beneficio para la industria textil ecuatoriana actual. La investigación en este sentido nos permitiría poner en práctica el diálogo de saberes. Desde investigaciones semejantes se puede revitalizar la utilización de pigmentos vegetales a partir de plantas como molle, chilca, algarrobo, nogal, retama, etc. En el Azuay y Cañar todavía están presentes estos conocimientos.

Durante la Colonia, todos estos conocimientos sirvieron para el beneficio de la Corona española, tanto es así, que el sector textil fue uno de los más productivos y dominantes en la economía de la Real Audiencia, con crecimiento y desarrollo hasta la segunda mitad del siglo XVII. Los telares domésticos y los grandes y verticales que perduraban con el fino tejido llamado cumbi, fueron reemplazados por telares de pedal que hacían el pasaje de la trama en forma simultánea a través de todos los hilos de la urdimbre, y en algunos casos se agregaba el uso de batanes.

Los lugares donde primero se establecieron centros textiles fueron Riobamba y Latacunga, y después en Peguche y el obraje Mayor de Otavalo; estos últimos "determinaron la especialización textil de la zona norte durante la Colonia" ya que los otavaleños se caracterizaban por el arte del tejido y desde épocas tempranas habían mantenido como actividad prioritaria la manufactura textil. Los instrumentos de trabajo consistían en cardas, telares, tornos, urdidores, pailas, etc. y en su mayoría eran construidos de madera trabajada por los propios indígenas, quienes eran explotados en su fuerza de trabajo desde los 12 años de edad (Rueda Novoa 1988:49-83).

Un dato importante alrededor de los textiles, es el hallazgo en el obraje de Peguche de una Ordenanza por la cual el lugar debía contar con la presencia del quipocamayo, quien era el "encargado de contabilizar la producción del obraje, utilizando métodos indígenas", esto es, tenía la obligación de hacer un quipu grande con cuerdas diferentes conforme el número de indígenas que trabajaban, y en cada una se registraba el tiempo del servicio; el momento de la paga se debía cuadrar este registro con el libro de rayas de los españoles (ibíd.:91). Con esto se puede afirmar la existencia del quipu y su utilización en el mundo indígena hasta la época colonial[12].

En los obrajes se producían paños finos, bayetas, sayales, lienzos, paños, muchos de enorme calidad que se enviaban a Europa. Y tanta era la explotación en estos sitios que incluso se entendía el trabajo en los obrajes como un castigo para ciertos delitos. De todas maneras, la tradición del tejido ha continuado e investigaciones más minuciosas pueden llegar a esclarecer muchos aspectos sobre las técnicas y los telares de origen ancestral que aún están

____

[12] El tema de los quipus se trata más adelante (Matemática, Astronomía y otras ciencias).

presentes en varias comunidades en todas las regiones del país, con especial énfasis en la región Amazónica.

Una orientación interesante sobre las posibilidades de investigación en torno a los textiles está en los diseños que se expresan en los tejidos en diferentes lugares del Ecuador contemporáneo. Si bien tienen influencia de otros países latinoamericanos, como también de Europa, todavía se pueden encontrar diseños que guardan relación directa con saberes ancestrales de épocas antiguas. El caso de la cruz andina o chakana es un ejemplo. En las comunidades existen vestuarios que se utilizan solo para las festividades y que han sido transmitidos de generación en generación, cuyos diseños contienen un lenguaje que habla de sentidos y significados que pueden contribuir a un mayor entendimiento intercultural y por lo mismo al diálogo de saberes. Al respecto, se pueden tomar como referencia los estudios de Sánchez Parga (1985), Tobar Bonilla (1985), Coba (1985) y Hoffmeyer (1985) (ver bibliografía).

2.4. Cerámica y alfarería

La mayor cantidad de estudios sobre saberes y tecnologías ancestrales corresponde a la alfarería y la cerámica, aunque no llegan al público ni son difundidos entre las nuevas generaciones, y más bien se da relevancia a la exhibición de piezas en museos. Incluso los aspectos artísticos de la cerámica no ocupan el sitial adecuado, que los equipara, y en muchos casos supera, a lo logrado en las artes europeas y norteamericanas, como puede comprobarse con Valdivia, la primera cultura cerámica del Ecuador y una de las primeras en América, que destaca por las Venus, acogidas además como símbolo de ecuatorianidad.

La bibliografía es abundante con relación a todos los períodos y acerca de las diferentes culturas de Costa, Sierra y Amazonía, pese a que hay todavía mucho por estudiar e investigar, ya que constantemente se descubren nuevos sitios arqueológicos. La bibliografía existe también en formatos de alta calidad que incluyen fotografías a color, pero lamentablemente su circulación es restringida, ya sea porque se distribuye a un reducido número de lectores o porque sus precios son inalcanzables. De todas maneras, en cualquier biblioteca puede hallarse información al respecto, pero ella no profundiza en los aspectos tecnológicos como logros que dan cuenta de los grandes conocimientos alcanzados y de la capacidad de los pueblos que elaboraron piezas con contenidos abstractos. En el presente estudio nos detendremos más bien en los aspectos técnicos involucrados en la alfarería y la cerámica.

El proceso técnico para elaborar estas piezas y en general todas las piezas cerámicas, inicia en la búsqueda y recolección del material ya que no todas las arcillas son apropiadas. Después se prepara esta materia prima, sola o combinándola con otras arcillas y minerales, hasta lograr la consistencia deseada dependiendo de las características del objeto que se va a trabajar y sus dimensiones. Se procede al modelado, en el cual intervienen varias técnicas e instrumentos que se fueron especializando con el tiempo y perviven hasta la actualidad, pues hoy mismo en cerámica se utilizan desde rústicos palos y piedras de distinto tamaño, hasta herramientas elaboradas en la industria.

Por tanto, ya desde el modelado podemos hablar de técnicas precisas que tienen que ver con el acordelado o enrollado, el vaciado, el manejo empírico de la temperatura, el tiempo de trabajo y el clima al cual están expuestas las arcillas, todo lo cual provoca efectos distintos de color dependiendo también de la cantidad de materia orgánica y compuestos químicos utilizados. Las propias arcillas presentan gamas de colores (blancas, verdes, marrones, rojas, grises, negras, amarillas) que no necesariamente mostrarán los mismos coloridos luego de la cocción.

Siempre el modelado concluye con técnicas de decoración, como el repujado, el pulimento a guijarro, el bruñido, incisiones, escisiones, impresiones, estampados, engobado, corrugado, alisado, pastillaje, pintura, para proceder al secado de las piezas a temperaturas apropiadas para que no se cuarteen en esos momentos y tampoco en el momento de la cocción. Las primeras decoraciones fueron de colores sencillos, planos y sin mezclas.

Si se da una revisión a las diferentes culturas ecuatorianas, se podrá notar que el proceso cerámico varió de una a otra e incluyó nuevas técnicas, como el colado y el moldeado (Machalilla, Chorrera).

Se utilizaron pigmentos en las etapas de pre-cocción. "La adhesión de los pigmentos a la superficie o a la totalidad de la masa arcillosa, depende de las condiciones de los dos, es especial a su tipo de granulación y por lo tanto a sus capacidades de absorción o compenetración y a la porosidad resultante en la cerámica por la acción del calor al perder agua cuando se endurece" (Donoso 1980:5). Para fijar el color se pulía la superficie ya pintada con una paleta de cerámica o madera, con trozos de cuero, hojas duras o pedazos de calabaza. Previamente, las pinturas habían sido preparadas triturando o moliendo elementos minerales o aceites vegetales, gomas, para obtener una amplia gama de colores. En el Período Formativo Temprano, se logró la pintura iridiscente que pasó luego a Guatemala (ibíd.:5-7). Con este dato podemos afirmar que los conocimientos de los pueblos ancestrales eran compartidos pese a las distancias.

Las técnicas de cocción eran variadas; se registra el cocimiento al aire libre, en el cual se llevaban al fuego las piezas recubiertas o no de algún material inflamable por 10 minutos más o menos, sobre piedras previamente calentadas al fuego o sobre carbón encendido. También se colocaban las piezas en cámaras cerradas (atmósfera reducida o reductora) y se las llevaba a temperaturas que alcanzaban los 900 grados.

El dominio de la quema cerámica está vinculado al conocimiento de hornos de distinto tipo, unos construidos con tierra, otros con arcilla cocida. Para lograr altas temperaturas, necesarias para el vidriado cerámico, se mantenía el fuego por varias horas. Se conocían por tanto los principios de la combustión, del fuego, de la temperatura. En Cuenca, el artista y ceramista Eduardo Segovia ha hecho importantes estudios sobre hornos que él mismo ha probado. Segovia ha experimentado distintas clases de cocimientos con diversidad de materiales, con los que ha logrado acabados similares a los precolombinos, en los que se comprueba el grado de conocimiento que tenían nuestros ancestros.

En algunos casos hay un proceso de decoración post-cocción o pintura fugitiva que no se desprende si se sabe utilizar adecuadamente los engobes en la pre-cocción.

En cuanto a la pintura negativa, esta se trabajaba con arcillas rojas, amarillas o blancas y su importancia radica en que al parecer fue inventada por las culturas de la Amazonía, aunque también se ha encontrado en culturas de la Costa como Bahía, Jama-Coaque y La Tolita, y en culturas de la Sierra, en Negativo del Carchi, Tuncahuán y Panzaleo, en las cuales se la empleó a gran escala. Consiste en figurar primero con cera lo que se desea decorar y el resto de la superficie se pinta con pigmentos de origen natural que al quemarse oscurecen este sector, dejando el color natural en el sitio donde se derrite la cera. No se conoce a ciencia cierta qué tipo de pigmentos se utilizaban, pero se especula que era carbón o ceniza (ibíd.:10-11). El artista Segovia ha experimentado con excrementos de animal para lograr colores oscuros.

Con relación a los objetos cerámicos, cabe mencionar los instrumentos musicales, que se elaboraron especialmente en la cultura Chorrera, en la que encontramos: botellas silbato, botellas silbato doble, silbatos zoomorfos, ocarinas, flautas, rondadores, sonajeros, tambores. Debe dársele la importancia que merecen pues reflejan un dominio técnico en doble sentido: cerámica y sonido. Existe un cuadro elaborado por Julio Bueno (2002) en el que se detallan los logros en la elaboración de instrumentos musicales de las diferentes culturas prehispánicas. También cabe citar el trabajo de Jaime Hidrobo Urigüen (1987), con fotografías y dibujos, y con la explicación de los rangos musicales y demás especificaciones técnicas y musicográficas a cargo de Carlos Freire. Aquí podemos apreciar la riqueza del saber precolombino y la precisión alcanzada con la cerámica y otros materiales.

Sobre este último punto, vale mencionar los trabajos que se han hecho en el Museo Arqueológico de Santiago, a cargo del musicólogo José Pérez de Arce, quien ha impulsado investigaciones en el campo de los instrumentos precoloniales y con un equipo de autodenominados arqueomúsicos, mantiene una amplia colección de instrumentos de diferentes procedencias, que son investigados a profundidad y en los que se incluyen instrumentos de Ecuador.

Ponerse en contacto con este tipo de investigadores para establecer diálogos interculturales es una tarea que queda pendiente.

2.5. Metalurgia y minería

Acerca de esta temática, el breve artículo "La metalurgia precolombina: Técnicas y significados" de Catherine Lara (2007) orienta con precisión los derroteros necesarios para abordar los saberes y tecnologías ancestrales, ya que incluye los significados, que son tan importantes para la construcción de un diálogo de saberes. La autora no se limita solo a describir las técnicas de la metalurgia, sino que hace una lectura crítica al respecto, revaloriza la actividad arqueológica profesional y llama la atención a la comunidad científica y a las autoridades responsables para la "protección del patrimonio y la construcción de identidades nacionales". Además incluye visiones macro y micro y contextos históricos y políticos, pero sobre todo, se detiene en los sentidos y significados.

Lara resume el proceso técnico de la siguiente manera:

> *El metal se extraía mediante dos tipos de procedimientos: el bateaje, o extracción del oro de los ríos en bateas, y la explotación superficial o de minas. Los mineros contaban con una gama variada de martillos y canastas para extraer y transportar el metal. La etapa siguiente del procesamiento metalúrgico consistía en la fabricación de las piezas. Así, la materia prima era trabajada mediante diversas técnicas, entre las cuales citaremos al martillado, la fundición (particularmente con el procedimiento de la "cera perdida"), el enchapado, la soldadura y la granulación. La superficie de la pieza era luego preparada mediante técnicas que abarcan ya el campo artístico, esto es el de la orfebrería: martillado sobre molde de madera, repujado, cinceladura, filigrana, calado e incrustación. Por último, las técnicas de acabado tales como la mise-en-couleur, el dorado de hoja, el dorado y plateado por fusión o en baño, por depleción o desplazamiento electroquímico, rinden testimonio del grado de per-*

fección en el manejo de la materia prima alcanzado por los orfebres precolombinos.

Desde otra perspectiva, podemos nombrar el trabajo de Carlos Zevallos Menéndez (1958:5-10) alrededor de la elaboración específica del alambre, el cual fue empleado sobre todo en los pueblos del litoral ecuatoriano, siendo la provincia del Guayas el lugar donde se logró el perfeccionamiento técnico, que incluyó la forja de barritas cuadradas, que eran redondeadas en sus aristas con golpes de marrillo y haciéndolas luego rodar entre dos piedras pulidas para conseguir frotación forzada y el estiramiento de acuerdo al diámetro requerido. Se llegó con esto a acabados regulares en superficie y calibre, y de gran extensión. También se lograron otros tipos de alambres: redondos, elípticos, rectangulares, triangulares, cuadrados, romboidales con diferentes diámetros. Otras técnicas utilizadas en Esmeraldas, por ejemplo, fueron a base de martillado y también existieron alambres arrollados en forma espiralada a manera de resorte o rizo.

Se utilizaron metales como cobre, hierro, plomo, estaño, azogue, plata y oro. Se hicieron además aleaciones (oro-cobre, oro-plata, oro-platino), y enriquecimiento del cobre con oro a través del empleo de ácido oxálico extraído de algunos vegetales. Con esto se fabricaron máscaras, pectorales, orejeras, alfileres, brazaletes, narigueras, objetos ceremoniales, agujas de cobre (en Manabí y Esmeraldas), instrumentos de producción y otros. Esto implica un desarrollo de la minería y la metalurgia que en el caso del oro, empezaba con la extracción en lavaderos naturales mediante métodos sistemáticos o en yacimientos superficiales y profundos. Para la plata y el cobre se utilizaron métodos simples de recolección mediante la fundición de yemas. La fundición a fuego para apartar la plata del plomo, el estaño, el cobre y demás elementos, se hacía en hornillos llamados guayras en Perú, donde soplaba el viento, y con leña y carbón (Paredes 1989:102-104).

Los españoles explotaron en gran escala los depósitos conocidos y las técnicas extractivas andinas fueron adoptadas, por ejemplo, la de separar la corteza de terrenos arcillosos y luego desviar los arroyos o riachuelos por acequias pequeñas. En las acequias colocaban pequeños barrajes de chapas donde se fijaban las arenas auríferas y luego sacudían las champas que retenían oro mezclado con arenilla (ibíd.:105).

Pero también se sabe que los indígenas escarbaban la tierra con cuernos de ciervo para construir pozos o frontones que llegaban a tener varios metros de profundidad y que estaban unidos al exterior por un estrecho túnel. Los materiales rocosos con oro se sacaban en cueros cocidos. En los lavaderos abrían una acequia y en su orilla colocaban una piedra lisa sobre la cual echaban la tierra y con el agua la iban aclarando hasta encontrar el oro (ibíd.).

Cronistas como Benzoni, Garcilaso de la Vega, Fernández de Oviedo, Cieza de León y otros, describen las técnicas utilizadas por los indígenas para extraer el oro, fundirlo y trabajarlo para la creación de objetos. Mediante estos testimonios podemos encontrar que la plata y el oro se fundían en crisoles largos o redondos y que para tal tarea se juntaban entre varios para mantener avivado el fuego. "La práctica social metalúrgica permitió a los pueblos antiguos crear y recrear conocimientos empíricos precisos acerca de las diversas y más visibles propiedades y comportamientos de los metales en ciertas condiciones" (ibíd.:108).

El tema de la minería merece la atención para establecer un diálogo de saberes en momentos en que se dan propuestas de minería a cielo abierto. Para que el diálogo se produzca se precisa tomar en cuenta los sentidos y significados del pensamiento ancestral, distintos a los del pensamiento occidental. En lo ancestral precolombino, el metal representaba, como indica Lara (2007) "el orden primordial, identificado como fuente de energía y poder" y también como "símbolo de lo primordial, al que regresa el individuo cuando muere"; de ahí las piezas metálicas halladas en contextos funerarios. En el propio proceso de extracción había un sentido de ritualidad y las piezas procesadas "eran motivo de celebraciones en honor al cosmos, al que representaban, pudiendo también ser consagradas en calidad de ofrendas", ejemplo de ello serían las máscaras rituales conocidas como *tincullpas* y estudiadas por Jijón y Caamaño. Incluso el oficio de la orfebrería era de prestigio, pero también hubo una estrecha relación entre el metal y el poder (ibíd.).

Sin embargo, todavía queda mucho por decir y elaborar en el presente, para ver qué sentidos permanecen. En cuanto al pasado, la mayoría de piezas metálicas fueron destruidas y fundidas para comercializar el metal y es complicado establecer los contextos socioculturales y los significados de las piezas en especial porque estas han sido sacadas de sus contextos.

Por último, dejamos constancia de que en la península de Santa Elena se hallaban pozos de brea y afloramientos naturales de petróleo que eran utilizados por los pueblos ancestrales en las labores de fundición.

2.6. Construcción, ingeniería, arquitectura

Durante el Período de Integración, la cultura kitukara erigió uno de los monumentos insignes del Ecuador: Cochasquí, situado a 65 km al norte de Quito. Es un complejo arqueológico de alrededor de 84 hectáreas con 15 pirámides truncas, elaboradas con bloques de cangahua, material volcánico utilizado hasta la actualidad en toda la

Sierra ecuatoriana rural, y cuyo nombre corresponde tanto al material como a la técnica de construcción.

De las 15 pirámides, 9 tienen rampas y existen también en la zona 21 tolas. Las hipótesis que se manejan con relación al uso de estas construcciones todavía están en investigación, y arqueólogos como Max Uhle concluyeron que eran de tipo ceremonial, lo cual es una hipótesis limitante que en el fondo no dice nada, puesto que lo ceremonial puede ser cualquier cosa. Lo interesante sería descubrir qué tipo de ceremonias se realizaban aquí y por qué, puesto que existe una precisión arquitectónica que no se ha encontrado en ningún otro sitio. Otro estudioso, Udo Oberem, basándose en unas plataformas de barro cocido que se encuentran sobre las pirámides, propone que eran chozas de forma circular que habrían servido para vivienda de gobernantes. ¿A qué gobernantes se refiere?

Estos autores son citados en las páginas web y demás información sobre Cochasquí. Sin embargo, este es un ejemplo de la falta de investigaciones sobre los saberes y tecnologías ancestrales, a tal grado que priman las especulaciones más que los estudios rigurosos, comprobables y contrastables. Lo propio ocurre con otras construcciones preincásicas e incásicas.

Esto nos conecta con una problemática particular alrededor de los estudios arqueológicos. Para la década de los años cincuenta, estos se intensificaban y extendían por todo el país, en especial en la faja costera ecuatoriana. Las investigaciones en esta época son básicamente descriptivas y comparativas. De las excavaciones se obtienen las primeras muestras para dataciones radio-carbónicas y se van afinando poco a poco las filiaciones culturales de los conjuntos materiales. Sin embargo, en el país no existe posibilidad de estudiar Arqueología y por tanto, quienes la practican, son investigadores extranjeros, ecuatorianos que han estudiado en el exterior o autodidactas y aficionados.

No existe una ética clara y, la mayoría de las veces, las piezas que se encuentran son apartadas de sus contextos originales, trasladadas a museos o vendidas al mejor postor (Paz y Miño 2010:144).

En aquella época, los museos marcaban la división entre lo culto y lo popular, que servía para ordenar los bienes simbólicos en un encasillamiento desde lo académico, y dentro de una concepción de la cultura como algo particular de las clases altas. Se exaltaba una identidad nacional homogenizante sobre la base de algunas tradiciones y elementos de las culturas precolombinas, de la herencia colonial y de la heroicidad de la independencia. La idea era arrancar los bienes culturales de su contexto originario para reordenarlos arbitrariamente de acuerdo a criterios de "expertos" y "técnicos", que construían su prestigio con este proceder. Y aunque sus intenciones eran "buenas" y "honorables", lo que hacían era irrespetar bienes culturales mayores, como son la expresión y manifestación de la propia gente que es quien hace y vive la cultura (ibíd.).

Hoy los museos contemporáneos parecen abrirse más a las ciencias sociales y a la pluralidad. Y desde el campo de la Antropología, que ve a la cultura como un ámbito correspondiente al ser, más que al saber, lo apropiado sería colocarse en una actitud de recuperación de la memoria, más que de recuperación de bienes artísticos. Ahora sabemos que nuevos aspectos de la cultura pueden ser parte de los museos, aunque de todas formas continúa dándose en ellos una puesta en escena que la tecnología permite y que evidencia las diferenciaciones sociales y económicas (ibíd.).

En el caso de Cochasquí, se sabe, por la memoria oral de las poblaciones aledañas, que cuando se hicieron los estudios en la pirámide principal, los objetos encontrados fueron sacados del lugar. Esto no ha sido aclarado ni investigado, pero se conoce que desde antes de la década del ochenta ya había conflicto de intereses por parte de los arqueólogos. En 1981 se hizo cargo del lugar la Prefectura de Pichincha y en 1988 se lo convirtió en parque arqueológico. Pero no se ha avanzado en las investigaciones y los presupuestos para un complejo de tal naturaleza, son mínimos.

Entre los arqueólogos además existe, salvo excepciones, otra problemática que ellos mismos suelen expresarla, sin que esto haya trascendido al campo de la crítica y la autocrítica seria: Cuando un arqueólogo o arqueóloga tiene la posibilidad de estudiar un lugar, se comporta como si fuese el propietario del sitio, con lo cual no hay posibilidad de diálogo con los demás colegas y todos los estudios deben remitirse a lo que este arqueólogo/a haya determinado. Es como un acuerdo tácito que debe reverse y cambiarse en beneficio de la propia Arqueología ecuatoriana.

Si en el caso de las albarradas planteamos la cuestión de la ética tecnológica, aquí llamamos la atención sobre la ética académica, ambas esenciales para un diálogo de saberes. A esto se agrega que en Ecuador no existen estudios para la formación arqueológica, lo cual es muy grave si se considera que hay una inmensa posibilidad de investigación en todas las regiones del país.

Otro caso que podemos nombrar es el yacimiento arqueológico Rumipamba, que pese a ser la zona de mayor extensión e importancia de la ciudad de Quito (y por lo mismo importante para el país, en especial porque es un yacimiento arqueológico en medio de la urbe), conjuntamente con la necrópolis de La Florida, y pese a ser "el único vestigio preservado de lo que fue la traza urbana de los pueblos prehispánicos" (Ministerio de Cultura 2011:24), no se le ha dado la debida atención más allá de las escasas publicaciones aparecidas. En la actualidad, un gran porcentaje de ecuatorianos y, lo que es más alarmante, quiteños, desconocen por completo el lugar y las autoridades todavía no resuelven sobre las políticas de intervención. En el imaginario de los ciudadanos permanece la herencia hispana pero no la indígena, negándole a esta última su existencia y su evidencia en la ciudad. Por lo mismo, este lugar con problemáticas actuales, es de enorme trascendencia para pensar en un diálogo de saberes horizontal y equitativo que revitalice la herencia indígena y dé verdadero sentido a la frase: "Quito milenario", ya que "las prospecciones realizadas en el yacimiento arqueológico Rumipamba desde el año 1999 hasta el año 2004 dejan entrever un extenso período de ocupación por la presencia de materiales arqueológicos pertenecientes a períodos que posiblemente van desde el Formativo, Desarrollo Regional, Integración e Inca" (ibíd.:21).

Hay que aclarar que los vestigios incluyen muros de contención de la andenería prehispana. Asimismo, se resalta la utilización planificada del espacio, en donde se revela la construcción circular o elíptica de las viviendas, con paredes de bahareque y en otras de tierra apisonada o pared de mano. Los techos eran de paja y de dos aguas (similares a los introducidos por los españoles) y tenían soportales. Habían casas circulares más espaciosas para las reuniones comunitarias, otras más pequeñas para vivienda y otras aún más pequeñas para labores particulares o para guardar alimentos. "Las características y proporciones del yacimiento de Rumipamba sugieren un asentamiento urbano importante" (Molestina 2011:32-36).

"La presencia de tolas en lugares aledaños a Rumipamba como la zona del actual aeropuerto Mariscal Sucre [...], reafirmaría la importancia del yacimiento como un área intensamente poblada" (ibíd.:36).

Construcciones de vivienda similares a las de Rumipamba se hallan en lugares como la Chimba o Shanshipamba, en este último existen muros de piedra caliza con restos de la cabuya llamada chaguarquero, y soga de la misma planta, que pertenecen a una vivienda con cerámica Tuncahuan y Cuasmal; las casas tienen un diámetro promedio de 8 a 10 m, con paredes de adobe. En Guayllabamba existen terrazas y muros de piedra de 1,5 m y cimientos circulares para vivienda. En Carchi hay vestigios de bohíos alineados en el cerro y muros de piedra. En esta misma provincia se ha podido determinar que los asentamientos para las viviendas corresponden a agrupaciones de hasta 80 casas, cuyo tamaño varía desde 8 a 24 m de diámetro con paredes hasta de 2 m de altura y cubiertas de paja (ibíd.:34-36).

Si uno recorre las tres regiones del Ecuador, se topará en todas partes con vestigios de construcciones que han quedado en el olvido o no se les da la debida importancia. En la Sierra por ejemplo, en muchas de las haciendas se sabe de la existencia de muros y vestigios de caminos. Lugares como Ingapirca, Las Vegas, Catequilla y otros encontrados en la Amazonía, no cuentan con estudios que permitan dilucidar acerca de técnicas de construcción o utilización para las culturas.

En las universidades ecuatorianas se estudia ingeniería y arquitectura sin hacer mención a las técnicas ancestrales, incluso a aquellas que se trabajan en la actualidad en las comunidades rurales y que fueron asimiladas durante la Colonia en la construcción de las urbes, como en el caso de Quito.

Las técnicas actuales consisten, aparte de la cangagua, en pared de mano (así se la conoce en Imbabura), tapial, adobe, bahareque. Así, en la pared de mano, al igual que en la cangagua, el material (tierra) se saca del mismo sitio y se lo mezcla con agua para elaborar bloques que sirven para construir casas de hasta dos pisos, aunque ahora se la utiliza solo para cerramientos. Los maestros que conocen las técnicas se llaman "paraderos". El tapial, es una mejora en la técnica de la pared de mano porque tiene encofrado y compactación. El adobe ha tenido cambios y por lo mismo puede hablarse de adobes precolombinos, coloniales, tradicionales y estabilizados, todos con mezclas de paja y utilización de moldes. El bahereque tiene diferentes formas y clases de acuerdo a su utilización en las regiones del país; hay básicamente dos tipos, el uno de paredes hecho con materiales muy antiguos y ligeros (palos, ramas, hojas, carrizo, cuero, palmeras, etc.), el otro un derivado y mezcla de varias técnicas que lo vuelven sismo resistente; en la sierra se utiliza con las técnicas de la tapia y el adobe (Mena 1984:77-113).

Una descripción detallada de cada una de estas técnicas puede encontrarse en el estudio de Oscar Mena (ver bibliografía). Y cabe indicar que de ellas se desprenden muchas más y tienen nombres particulares según el lugar.

En un artículo de la revista *Diners* de 1984 se habla de la "evolución histórica de Guayaquil" que divide en logros arquitectónicos desde la "Época Precolombina", la "Colonial", la "Republicana", "Tradicional", "Moderna" y "Contemporánea", y se dice, con respecto a la época precolombina:

> *Se caracteriza por los asentamientos tribales de Huancavil-cas y Manteños del Sur. Sus construcciones son primitivas, naturales, de compactación arcillosa, recursos cerámicos y técnicas de construcción orgánicas. Las formas religiosas, funerarias y reminiscencia ancestral, se hacen presentes con abalorios orientales. El sitio El Real es un aparte dentro de la configuración elíptica precolombina (Vieira 1984:34).*

Traemos esta cita a colación en especial por el adjetivo "primitivas" a las viviendas. Este término alude a una corriente evolucionista propia del pensamiento europeo del siglo XIX, ya superada ampliamente. El evolucionismo traza la historia general de la humanidad de forma unilineal, es decir, enmarcando a todas las sociedades en una sola línea de "desarrollo", que va desde el "salvajismo", pasa por la "barbarie" y llega a la "civilización", donde la civilización equivale a la cúspide del "progreso", sobre la que se asienta la sociedad europea occidental. Todos los evolucionistas piensan que las manifestaciones culturales del ser humano del pasado, son inferiores, y de allí surgen términos como "salvaje", "primitivo", en contraposición a "progreso" y "civilización". Piensan además que la supervivencia de los "pueblos primitivos", equivale a una supervivencia del pasado de la humanidad. Y entonces, no solamente tratan a estos pueblos como "atrasados" o como "menores de edad", sino que, imbuidos por el paternalismo, pretenden obligarlos a que lleguen al "progreso", en nombre de la religión o la ciencia (Paz y Miño 2010:150-151).

Esto debe tomarse en cuenta para el diálogo de saberes, para que conceptos como el de primitivo sean superados.

En los estudios del litoral ecuatoriano se resalta que las estructuras domésticas presentan una planificación espacial y que, por ejemplo, la cultura Manteño-huancavilca, viva en momentos en que se produjo la conquista y presente en la parte central y meridional del litoral, realizó construcciones con cementos de piedras, aunque otros sitios como Japoto, presentan compuestos de acumulaciones de tierra, llamados tolas, que todavía pueden ser observables y de los cuales, Anne Touchard (2006) hace una importante y detallada investigación. En Japoto, dice, la tola clasificada como J6 presenta una estratigrafía compleja "por la gran cantidad de niveles antrópicos y rasgos que presenta [...]. Para elaborar ese conjunto de niveles antrópicos, los Manteño-Huancavilca no solo utilizaron tierra para levantar la tola sino también arena, gravilla (proviniendo de uno de

los esteros cercanos) y trefa o ceniza de origen volcánico"
(ibíd.:287).

El nombre de tola fue utilizado por primera vez por el arqueólogo alemán Otto Von Buchwald. Las tolas o montículos de tierra están dispersas en toda la geografía nacional y pertenecen a diferentes épocas y filiaciones culturales, siendo las de Real Alto las más antiguas (aprox. 3000 a. C.). En Atuntaqui los investigadores Stephen Athens y Alan Osborn, indican que la llamada Paila Tola...

> *...contiene aproximadamente unos 104 800 metros cúbicos de relleno de tierra, excluyendo la depresión de su cima, y pudo haber sido construida en menos de dos años, con 200 obreros, quienes trabajaron un promedio de 5 horas diarias y acarreaban el material desde una distancia de 100 metros. Por la estratigrafía del monumento se pudo inferir que los sedimentos fueron transportados de pozos de variada profundidad y distribución. La forma de construcción de Paila Tola [...] fue en base de bloques de tierra rectangulares, los mismos que estaban dispuestos alrededor de la tola como una forma de contener la tierra"* (Carrillo 2010:1-3).

También es necesario hablar de la utilización de la caña guadua, en especial en construcciones de la Costa ecuatoriana. Llamada también en la actualidad "caña brava", ha sido estudiada por investigadores como Francisco Iriarte o Hasrt Terré, en la zona arqueológica peruana de Chan-Chan, que muestra de qué forma se la trabajó, lo cual puede dar una idea de lo acontecido en nuestro país, ya que estas cañas no pueden localizarse en la zona y por lo tanto su suministro provino de zonas de la actual provincia de El Oro, de la cuenca del río Guayas y parte de la provincia de Manabí, como bien lo hace notar Julio Viteri Gamboa (1968:94), dado que en dichos lugares habitaron comerciantes balseros que transportaron el material y otros productos comerciables entre los que destaca la concha spondylus. En el caso concreto de Chan-Chan la caña guadua servía para sostener recuadros, en la elaboración de adobes, en los murallones y en especial para labores iniciales de alineamiento (ibíd.:92).

Prácticas arquitectónicas han sido investigadas en la aldea de Upano en la Amazonía, en la isla Puná, en Real Alto y otros sitios, de lo que se pueden concluir características constructivas precolombinas, por ejemplo en la cimentación, que se hizo con postes hincados en el suelo, junto a plataformas, con la utilización de piedra. Las construcciones más antiguas de paredes utilizaron armazones de caña o madera recubierta de barro, pero también luego se utilizó el adobón, los muros de piedra con relleno de barro y laya, y bloques de cangagua. Hubo construcción de puertas casi rectangulares y el templo del Sol en el Panecillo era cuadrado, con paredes de piedra labrada, cubierta piramidal y puerta grande orientada hacia el oriente (Paredes 1984:116). En cuanto a los observatorios astronómicos, estos están íntimamente relacionados con la arquitectura, ingeniería y diseño, pero los trataremos en la parte correspondiente a Matemática y Astronomía.

Con relación a otro tipo de construcciones como vías, puentes y represas, hay registros, en los cronistas especialmente, de lo que se desprende que habían caminos por toda la cordillera de la Sierra y que a la llegada de los incas, fueron perfeccionados. En la ciudad de Quito confluían varios caminos, por ser un lugar apto para el comercio y el encuentro intercultural. Las construcciones se hicieron con medidas precisas que responden a una tradición de ingeniería muy antigua. En la actualidad todavía hay vestigios del famoso Capac Ñan, cuyo expediente define para el Ecuador 7 tramos y es parte de un proyecto de seis países sudamericanos por donde pasa este Camino del Inca (Perú, Colombia, Chile, Bolivia, Ecuador y Argentina) que tiene por objetivo común lograr su inscripción en la Lista del Patrimonio Mundial de la Unesco.

Sin embargo, en distintas comunidades del país se habla de vestigios de otros caminos antiguos que merecen investigación. El contacto con tales comunidades debe empezar con un diagnóstico y tiene trascendencia para el diálogo de saberes puesto que serían las propias comunidades las que podrían intervenir desde la memoria y la tradición oral para el esclarecimiento de sus contextos y tecnologías.

2.7. Matemática, Astronomía y otras ciencias

La historia de la ciencia se ha ido construyendo bajo el supuesto de que la configuración básica del saber científico es un proceso acaecido dentro de las fronteras de la civilización occidental. Si bien hoy se tiende a admitir que los importantes y copiosos desarrollos intelectuales de las antiguas culturas, egipcia y babilónica, o de la hindú y china, son progenitores de ese saber, no se los reconoce, en cambio, como productos científicos propiamente dichos. El argumento esgrimido es bastante convincente y recoge el hecho de que ninguno de los antecedentes de la matemática griega alcanzó a sistematizarse como una geometría, al modo de los Elementos de Euclides y de la Geometría Analítica de Descartes, con cuya aparición pudo cimentarse el escenario para la fluida realización del pensar y el conocer (Guerreo Ureña 2011:9).

Esta cita sacada del libro *Geometría Analítica fractal. La geometría prehispánica*, del profesor matemático y físico Marcos Guerrero Ureña, es el preámbulo que sirve para ubicarnos en las nuevas investigaciones alrededor de los conocimientos matemáticos precolombinos. El autor parte de la Geometría Fractal y la Matemática de las descendencias con su Geometría Arborescente descrita por los llamados números "p-ádicos", para describir sistemas matemáticos no occidentales como los precolombinos, que no tuvieron o no alcanzaron una matemática explícita.

Para ello presenta el sistema que llama Geometría Analítica Fractal que, a diferencia de la fundada por Descartes (construida en un espacio conformado por "puntos-límite" y que origina la matemática del infinito "potencial"), "opera en un espacio conformado por hilos unidimensionales, dispuestos en forma de red cuadrada, al modo de la urdimbre del tejido, y constituye la matemática del infinito actual. Esto significa que el espacio cartesiano, en cuanto a la dimensión de su unidad estructural, el punto, tiene dimensión cero y, el otro, el de *hilos*, tiene dimensión uno". Asimismo el autor considera que "el espacio matemático de representación (EMR) prehispánico está recogido en el croquis cosmográfico del cronista aymara Pachacutic Salcamayhua del siglo XVII, y se llama Collca-Pata" (ibíd.:10-12).

El estudio es bastante serio, con el respaldo de explicaciones, fórmulas matemáticas, gráficas de funciones, análisis, cálculo de volumen, etc., que constituyen un gran aporte para nuestro país y determinan un nuevo derrotero para los estudios matemáticos enfocados en saberes ancestrales.

La alusión que hace este autor al croquis cosmográfico de Pachacutic Salcamayhua, no es nueva, se la encuentra en varios estudios, uno de los cuales, de los autores Alberto Tatzo y Germán Rodríguez (1996) alude ya a una interpretación desde la propia filosofía andina:

Puede apreciarse en la parte superior del Cosmograma, como eje iconográfico, un óvalo con tres círculos super-puestos en su interior; este óvalo tenía una importancia fundamental en nuestro mundo, pues a diferencia de las re-

presentaciones antropomórficas europeas, ésta era nuestra representación de Dios. Los tres círculos representan los Tres mundos y el óvalo que los envuelve, al Creador omnipresente en la Creación. Sobre el óvalo aparece la Cruz del Sur, eje astronómico del hemisferio austral, síntesis maravillosa de las leyes y principios que el hombre puede descubrir en el mundo superior de las estrellas. A los lados, la presencia visible de las dos luminarias: Inti y Quilla.

La intersección de la línea media de esta figura con las líneas cardinales que están al centro nos permite extender con amplitud una línea de tierra sobre la cual se vislumbra la Bóveda Celeste /Hanan-Pacha) y así aparece la escena cosmográfica levantada por Carlos Milla con la ayuda de la Geometría Descriptiva (Tatzo y Rodríguez 1996:39).

Si bien se nombra al autor Carlos Milla, nuestra apreciación personal de los libros leídos de este autor e investigador de origen peruano (*Génesis de la cultura andina y Ayni*), es que a muchas de sus aseveraciones (sobre todo en *Ayni*) les falta sustento lógico o no han sido explicadas de manera adecuada para ser aceptadas a cabalidad. El autor revisa una inmensa cantidad de temáticas y no hay en ellas mucha fluidez en las descripciones ni explicaciones. Sin embargo, vale tomar en cuenta sus trabajos como fuente de información importante en la que se puede apreciar conocimientos andinos que no han sido estudiados.

De todas maneras, es importante añadir que los estudios e investigaciones sobre saberes y tecnologías ancestrales deben ser rigurosos. No es adecuado aceptar todo lo que se diga solo porque se trate esta temática o sean sus autores identificados como indígenas. Asimismo, no es adecuado que por parte del mundo indígena se considere a quienes no lo son como personas que no pueden tratar el tema. Esto puede conducir al esencialismo, fundamentalismo e incluso dogmatismo y no habla de la posibilidad de un diálogo de saberes o de una construcción de interculturalidad. Los aportes en el plano académico deben ser evaluados y autocriticados provengan de donde sea. Muchos aportes provienen del mundo llamado "mestizo" y también de la ciencia occidental. Como dijo el profesor Muyolema, "ya pasamos un momento de esencialismo; "ahora tenemos que dar otro salto" y "no quedarnos en un radicalismo extremo". Es hora entonces de un *mindanakuy*[13].

De acuerdo a Consuelo Yánez Cossio (1985:392-393), en las sociedades de tradición oral la población mantiene un sistema matemático para la regulación del convivir social y realiza cálculos y operaciones para el registro de cantidades, de actividades de intercambio, medidas, etc., como por ejemplo: comercio (trueque), construcción, reparto de herencias, organización de fiestas, mingas y otras. Los niños aprenden a manejar conceptos y a realizar operaciones sobre la base de "experiencias y situaciones que se le presentan por ser parte integrante del sistema de producción desde sus primeros años de vida". Incluso quienes no han asistido a la escuela utilizan mecanismos de cálculo tanto manual como mental con características particulares, que incluyen el conocimiento de medidas de tiempo, longitud y masa.

El aporte de la autora es la diferenciación que hace, en el caso de la cultura kichwa, de la concepción del espacio y del tiempo con respecto al mundo occidental:

> *En las sociedades orales que registran una concepción es-*
> *pacio-temporal global y de características espirales [...]*
> *parece que el pensamiento matemático [...] tiene caracte-*
> *rísticas especiales y no puramente lineales [...] Si en estos*

---

[13] Conferencia magistral: "Principales retos de la Educación Superior Intercultural en el contexto de la nueva Ley de Educación Superior" (31-05-2012); (ver nota No. 4).

casos, el tiempo y el espacio constituyen una unidad conceptual con la cual se relaciona el mundo o dentro de la cual se evidencia el mundo, y el número es una forma de expresar algo de ese mundo, es coherente pensar que el sistema que corresponde a esta expresión, participa de los esquemas generales de pensamiento que se manifiestan implícita o explícitamente en toda actividad.

Como primera hipótesis podemos plantear que "a un sistema espacio-temporal espiral le corresponde un sistema matemático de similares características" teniendo en cuenta que, en este tipo de concepción, se da un referente tridimensional cíclico como en el caso de los sistemas de producción y, continuado, como en el caso de los procesos vitales (ibíd.:403).

Para Yánez Cossio la concepción espacio-temporal espiral y la tridimensionalidad se explican a través del término "pacha", que engloba distintos elementos y significados del orden temporal y espacial que se conciben de forma dinámica y activa; es lo perfecto, la perfección, lo total. En pruebas elementales, un kichwa hablante ubica los elementos en forma circular con un grupo central o también en forma espiral, lo que no sucede con personas que hablan castellano, que los ubican en forma lineal. Además, la disposición circular de los conteos queda expresada en el *huairu*, un instrumento de hueso alargado y hexagonal con grabaciones para representar números, comparable con el dado, aunque este tiene una disposición cúbica. Asimismo la "Piedra del Cañar", que es un contador, presenta una disposición numérica en espiral (ibíd.:403-409).

Yánez Cossio indica tres niveles para el sistema matemático kichwa: El primero es el graneo (sistema nemotécnico), que incluye criterios de agrupación, complementación, descomposición y conteo en función de las bases 5, 10 y sus múltiplos del orden 50, 100, 500,

1000, etc. Con este sistema se logran conteos, sumas, restas, repartición (proceso elemental de la división), y multiplicación, la cual se resuelve sumando o agrupando elementos contables sobre la base de diez y sus ponencias. El graneo está sistematizado en el Contador o Piedra del Cañar. Dentro del conteo aparece la "taptana", nombre dado por Guamán Poma de Ayala, cuyo uso se ha actualizado con valor didáctico. La taptana, dice la autora...

> ...ha dado lugar a la creación de un marcador de escritura que se emplea para facilitar la comprensión del "cero" posicional y, por lo tanto, la escritura de cifras mayores de 9 y, en una etapa más avanzada para la escritura de decimales, con lo cual se acentúa tanto la comprensión del sistema decimal como el paso de la oralidad a la escritura gráfica [...], siendo posible llegar a cualquier tipo de cifra según sea el número de columnas que se introduzcan (ibíd.:417).

Los otros dos sistemas son el cálculo (empleo de palabras que expresan cantidades) y el cálculo mental (ausencia de signos-números y de palabras-número).

Estos estudios refuerzan la idea de que para el diálogo de saberes es necesario tomar en cuenta el tipo de concepciones sobre el espacio y el tiempo. No es lo mismo el tiempo visto como una línea: pasado, presente, futuro, que visto desde lo circular, espiral y cíclico.

Todo esto está relacionado con la Astronomía, desarrollada en el mundo prehispánico y que no se le ha dado su valor como corresponde. Con relación a esto vale mencionar la construcción pre inca de Catequilla, entendida como observatorio astronómico. De ello hay mucha tela por cortar, ya que se ha creado una polémica, sobre un cúmulo de aseveraciones dadas por Cristóbal Cobo. El mayor crítico es el arqueólogo Ernesto Salazar, quien dice:

Por cierto, es saludable que la sociedad no académica se involucre en averiguar sobre el pasado del país, pero hay que tener en cuenta que la ciencia tiene reglas, y muy rigurosas. No seguirlas lleva al establecimiento de una pseudoarqueología que, al no encontrar espacio en la academia, copa los medios de comunicación, desorientando a la ciudadanía. Y ya sabemos que, para los "medios", la arqueología tiene rating solamente si los vestigios han sido abandonados por los extraterrestres, o si han constituido, probadamente o no, observatorios astronómicos. Poco importa si el sitio carece hitos de referencia (estelas, montones de piedras, rocas en el paisaje, los lados del umbral de una entrada, etc.) construidos o utilizados para marcar el segmento del horizonte o del cielo donde se habrían hecho las observaciones astronómicas. Por ello, no extraña que cualquier individuo o comunidad que tenga una loma en su llacta, la declare observatorio astronómico, para turismo de los ingenuos y manantial de labia de los charlatanes (Salazar 2007).

Información sobre Catequilla encontramos en: www.quitsato.org/?page_id=112,

donde se da cuenta del proyecto Quitsato. Otras investigaciones han sido realizadas por Gustavo Guayasamín[14], quien propuso la construcción de un monumento en el sitio y a lo cual se opuso precisamente Cristóbal Cobo. Asimismo, encontramos un documento en la página web de Quitsato: *Catequilla en peligro. Uso y abuso del Patrimonio Cultural del Ecuador* (http://www.quitsato. org/wp-content/uploads/2011/12/Catequilla-en-peligro.-Uso-y-abuso-del-Patrimonio-con-im%C3%A1genes.-PDF..pdf), con denuncias a varios arqueólogos y críticas al Instituto Nacional de Patrimonio Cultural (INPC), Municipio de Quito, Concejo Provincial de Pichincha y Junta Parroquial

---

[14] Guayasamín ha investigado ampliamente acerca de las medidas de tiempo andinas. Sus consideraciones deben ser tomadas en cuenta para un diálogo de saberes.

de San Antonio por haber permitido pistas de motocross y la explotación de una cantera en la zona.

Este documento debe ser evaluado, junto con toda la documentación de Catequilla, para que se aclaren las cosas y en especial se intervenga con investigaciones profundas sobre la realidad, alcances y funciones de este sitio arqueológico. Es un tema bastante delicado, sea o no que se llegue a determinar que fue un observatorio astronómico, lo cual también debe determinarse manejando herramientas de diálogo y de interdisciplinariedad. El mismo documento da cuenta de varios complejos arqueológicos en peligro o destruidos y contiene fotografías de las denuncias expuestas. A continuación citamos un párrafo que nos parece relevante:

> *Si tuviéramos el tiempo y los recursos para nombrar, enumerar y describir la destrucción de los sitios arqueológicos, no nos alcanzaría ni el papel ni la tinta. La pérdida de estos vestigios son innumerables y cada uno ha sido víctima sobre todo de la contemplación indiferente de las autoridades y de sus habitantes. Tenemos casos tan tristes y vergonzosos, que a veces la gente prefiere callarse antes de comentarlos, tal es el caso del sitio arqueológico de Salango, donde posiblemente existió una pirámide trunca con varios hallazgos de material cultural, que ahora podía haber representado el ícono cultural más importante de la costa ecuatoriana. Lastimosamente ahora, no existe nada más ni nada menos que una fábrica de procesamiento de harina de pescado en el sitio.*

Lo que sí no se puede desconocer es que desde la época precolombina se tenía conocimiento de que en este lugar estaba la mitad del mundo. Así, a la línea equinoccial se la denominaba "soga divisoria" (Paredes 1989:53), pero se les ha dado mucha más importancia a las mediciones que realizaron los geodésicos franceses, a quienes incluso se les ha erigido monumentos como si hubiesen sido los descubridores, cuando la realidad demuestra que no fue así. Este solo hecho debería hacernos pensar hasta qué punto la corriente occidental del pensamiento ha desconocido los saberes y tecnologías ancestrales.

Los autores Piedad y Alfredo Costales, al analizar las posiciones de varias comunidades en la provincia de Imbabura, concluyen que en la antigua región quiteña se desarrolló un método original y empírico de cálculo de triangulación para la ubicación de las aldeas agrícolas en relación a algunas posiciones astronómicas. Además, hablan de centros de observación astronómica en Lulubamba, Cochasquí o río Muluate en el área de los tsáchilas, donde hay dos calendarios de piedra con dibujos ideográficos, siendo el primero dedicado al culto y conocimiento de la luna con 18 divisiones iguales, y el segundo de forma piramidal con 12 divisiones de diferentes magnitudes, destinado al culto solar (ibíd.: 50).

Con relación a las pirámides de Cochasquí, estuvieron ubicadas en el territorio karanki y fueron construidas y ocupadas por los kara y luego posiblemente por los inca. Una de las investigaciones de Valentín Yurevich y Adolfo Holguín conduce a pensar que su uso fue astronómico. Sobre la pirámide 13 existen canales con orificios donde se ubicaron conos de piedra. "Durante los equinoccios y solsticios, estos conos producen patrones de sombras que difícilmente pueden ser fruto de un orden aleatorio; sino que más bien, aparentan ser un calendario astronómico que ayudaba a predecir los momentos más propicios para la siembra, el cultivo y las ceremonias" (http://cochasqui. org/).

Otro estudio interesante es el de Mariusz S. Ziólkowski (1992) pues hace una relación entre los fenómenos astronómicos y los "sistemas mágico-religiosos antiguos", sobre la base de las pirámides mayas, e incluyen el complejo arqueológico de Ingapirca, concluyendo sobre su función astronómico-calendárica. Asimismo, en cuanto a la reconstrucción de los calendarios prehispánicos andinos (trabajo realizado junto a Robert M. Sadowski), se indica que:

> *El sistema del cómputo y división ritual del tiempo es, sin duda, uno de los más importantes elementos de cada civilización, pues ejerce una influencia continua, tanto sobre las actividades de la sociedad en su conjunto, como en la vida de cada uno de sus miembros. Por lo tanto, la reconstrucción de los sistemas calendáricos, utilizados antiguamente, tiene mucha importancia no solamente para el estudio de los sistemas ideológico-religiosos, sino también para cualquier trabajo histórico serio. Y esa importancia se revela aún mayor, en el caso de las investigaciones sobre las altas culturas prehispánicas de América; qué incompleto y superficial hubiera sido nuestro conocimiento de la cultura maya o azteca, por ejemplo, sin noción de sus sistemas calendáricos (Ziólkowski y Sadowski 1992:65).*

Resaltamos la frase final de estos autores y la compartimos plenamente, con el respaldo de nuestras propias investigaciones. No es lo mismo investigar sobre las culturas andinas de acuerdo a referentes lineales del tiempo como los occidentales, que hacerlo tomando en cuenta los referentes circulares, cíclicos y espirales del tiempo andino, el cual se reproduce en las siembras y cosechas, pero también en la vida, "puesto que la valoración simbólica de la siembra y la cosecha, ha sido parte de la vida cotidiana de las comunidades andinas" (Paz y Miño 2007:53). Los calendarios se elaboran de acuerdo a una filosofía de totalidad en la cual los seres humanos somos parte de la naturaleza, pero también del cosmos. Estas apreciaciones son similares para todos los pueblos originarios de Abya-Yala y de ahí que es importante indagar también en los calendarios mayas que son la base para los andinos, tomando en cuenta que los estudios con relación a los calendarios incas están atravesados por el pensamiento occidental, que dan mayor atención a los calendarios solares y no indagan en los lunares, que son el complemento para comprender los ciclos del tiempo.

> *Al estudiar la cultura, valdría la pena indagar, tanto en las construcciones teóricas, como en las prácticas del tiempo. Tal indagación podrá efectuarse si nos acercamos a los diferentes instrumentos de medición, frente a los cuales, la percepción o naturaleza del tiempo está arraigada y entra dentro de los planos extra conscientes. Entender la cultura, también en estos términos, nos permitirá, en última instancia, acceder a nuevas opciones de vida, donde el ser humano logre liberarse de la esclavitud del tiempo mecanizado (ibíd.:58).*

Consuelo Yánez Cossio, por ejemplo, habla del año concebido como secuencia de 13 meses de 28 días, que dan un total de 364 días más uno adicional denominado *jatun puncha* o gran día, día mayor, que, siguiendo el sentido espiral inicia en un punto interior y termina en otro exterior. *Jatun puncha* representa el día final del ciclo anual o un hecho histórico conmemorativo. Asimismo, el ciclo agrícola al estar compuesto por cuatro períodos repetidos anualmente, cumplen la función de rememoración del pasado o de los pasados pero agregándole un progreso correspondiente al año venidero (1985:404-405). Son espirales que se van sucediendo como ocurre con el calendario maya, en donde también existe un "día mayor" que corresponde al 25 de julio en el calendario gregoriano.

Un dato importante que hay que agregar para tomarlo en cuenta en los estudios sobre el tiempo y los calendarios, es que "al analizar los datos etnohistóricos, referentes tanto a los calendarios andinos como a las observaciones astronómicas en general, hay que averiguar si la información fue anotada antes o después del año 1582, o sea antes o después de la reforma gregoriana del calendario cristiano (católico)", dado que uno de los efectos de tal reforma fue cambiar las fechas calendáricas de los eventos astronómicos, "por ejemplo, para Cieza de León, el solsticio de verano ocurría el día 11 de junio, y los equinoccios el 11 de marzo y 13 de septiembre, pero para Cobo o Garcilaso de la Vega esos eventos tenían lugar aproximadamente 10 días más tarde" (Ziólkowski y Sadowski 1992:71-72).

Relacionado con el tema matemático y astronómico, debemos referirnos a los kipu o quipus. Ya hicimos una referencia a los mismos, cuando destacamos su presencia y la del quipocamayo en el obraje de Peguche, lo cual indica su uso hasta la época colonial en lo que hoy es el Ecuador. La dificultad para su estudio es que fue hecho en material perecedero y entonces pocos ejemplares han sido descubiertos. Sin embargo hay interesantes estudios de Marcia y Robert Ascher (1969, 1972), bastante completos, pues incluyen qué son, cómo leerlos, el concepto de número que contienen y sus relaciones, sus posibles significados, y análisis de 9 de ellos, en los que se toma en cuenta, para los nudos, su color, número, forma, disposición, tipo, carácter, el tamaño de las cuerdas y su materia prima, con sus respectivos valores primarios y secundarios, propiedades físicas, soluciones numéricas y otros aspectos más, respaldados con ecuaciones matemáticas. Los estudios están en inglés y presentan bibliografía también en ese idioma, de investigadores como T. Dantzig, C. L. Day, S. R. Delaney, W. Hall, un libro en francés de L. Cipriani y dos en español, de R. A. Altieri (Sobre un quipu peruano) y de Olaf Holm ("Quipu o sapán"), este último publicado por la Casa de la Cultura Ecuatoriana (Guayaquil), en *Cuadernos de Historia y Arqueología*.

Nosotros hemos consultado tambien en una monografia realizada por el profesor Guillermo Jibaja Lemos (1978) y en un estudio de L. Lenand Locke (1978), publicado en el Perú, en donde se da cuenta de un quipu de 200 cordones, hallado en Ica.

De este material se puede concluir: que los quipus no solo servían para registros numéricos, sino también para la transmisión de órdenes, discursos, poemas, tradiciones y datos históricos, pero que no eran un sistema convencional de escritura.

La puesta en valor del kipu, podría darse en Ecuador a través del apoyo a investigaciones, la construcción de una base de datos, la traducción de bibliografía. Se puede lograr una especialización en este campo para que el país sea el centro de información y estudios y un referente para Latinoamérica y el mundo. En esta tarea se podrá incluir el diálogo interdisciplinario e intercultural, el diálogo de saberes, puesto que se necesitaría contar con conocedores de materiales textiles precolombinos, matemáticos y filósofos que tengan claro los postulados andinos de *kawsay* y de *pacha*. Uno de los estudios podría orientarse a la indagación sobre el concepto del cero en las culturas ancestrales.

2.8. Medicina

La medicina ancestral es quizás una de las mayores fortalezas que tiene nuestro país. Si los mayas han contribuido con su saber sobre el tiempo y los calendarios, los andinos lo han hecho con la medicina.

Extensos estudios acerca de la medicina relacionada a saberes ancestrales han sido realizados por Eduardo Estrella Aguirre, con grandes aportes para el diálogo de saberes, pues el investigador no solo se centra en los aspectos médicos, sino que describe, contextualiza y ubica geográficamente logros, avances, aportes de esta medicina que tanto ha dado que hablar en el mundo entero. Es decir, este autor tiene una visión globalizadora del tema en la que incluye la organización social y los problemas de la alimentación, nutrición y salud en los Andes, tanto en su dimensión diacrónica como sincrónica. Además es uno de los pioneros en estudios de medicina aborigen en el Ecuador y el primero en describir y clasificar "las enfermedades de Dios" y las "enfermedades del campo".

En el índice de la obra *La medicina en el Ecuador prehispánico*, por ejemplo, se puede reconocer la profundidad de los estudios de Estrella Aguirre. Así, encontramos: El escenario geográfico con su respectiva división espacial; climas, suelos y vegetación. En "El hombre, la organización social y la medicina", se trata de los diferentes períodos desde el Paleoindio hasta el de Integración, en el que incluye temas como la magia, el animismo, la fertilidad, ceremonias curativas, utilización de plantas alucinógenas, deformaciones y trepanaciones craneales, manifestaciones religiosas, aspectos relacionados a la agricultura, a los médicos, al arsenal terapéutico, a la salud pública, propiedad de la tierra, comercio, urbanización, organización política, formas de conciencia social e influencias médicas dadas como consecuencia de la invasión incaica.

En el capítulo II, Estrella trata los temas de la alimentación (alimentos, conservación preparación, almacenamiento), nutrición, organización de la producción, acceso a los productos, tecnología agrícola. Por su parte, el capítulo IV nos introduce a las concepciones sobre salud y enfermedad, a la imagen del mundo aborigen, a lo sobrenatural en la clasificación de las enfermedades. También trata, en el capítulo V, cuestiones acerca del cuerpo (tatuaje, pintura cutánea, dibujo corporal, deformaciones, dicotomías). El capítulo VI habla de los trastornos culturales, del espanto, el mal viento, la hechicería o brujería, el mal del arco-iris, el mal de ojo. Asimismo, Estrella (capítulo VII) trata sobre las enfermedades del trópico y bacterianas, la parasitosis y otras enfermedades. El siguiente capítulo habla sobre conocimientos ancestrales de heridas y fracturas, cuestiones de odontología y trepanaciones. Los tres capítulos siguientes analizan el saber médico (chamanismo, curanderismo), el diagnóstico, el tratamiento, las plantas medicinales y los remedios de origen animal y mineral. Por último, destina un capítulo final para tratar las enfermedades que ocurrieron al producirse la conquista, con sus respectivas consecuencias.

Como se ve, los estudios de Estrella son un insumo fundamental para cualquier investigación sobre este tema, pues los saberes y tecnologías ancestrales se visibilizan con mayor contundencia. Por supuesto, hay muchas más investigaciones y bibliografía abundante, sobre la cual se resalta que el quiebre producido en otras ramas del saber en el momento de la conquista, no pudo suspender ni opacar los conocimientos ancestrales, por el contrario, en todas las comunidades indígenas se ha mantenido la tradición médica.

Una de las problemáticas al respecto es la terminología "chamán" y sus derivados, que se ha empezado a utilizar desde hace algunas décadas. Este término es importado y no corresponde a lo que, desde el saber indígena, se reconoce. Para los pueblos andinos la palabra correcta es *yachak*, que además no implica distinción o diferenciación de género, porque el idioma kichwa no la hace para los sustantivos. Así, *yachak* es una persona (hombre o mujer) de conocimiento y en un sentido específico, de conocimientos medicinales, pero no exclusivamente, ya que, como se ha dicho, el conocimiento ancestral implica una totalidad. De ahí que el o la *yachak* conoce sobre las enfermedades y las medicinas, pero desde el diagnóstico hasta la curación incluirá la totalidad en sentido social, familiar, comunitario o, en definitiva, relacional (con uno mismo, con los otros, con la naturaleza y con el cosmos).

A veces se tiende a hacer diferenciación entre el *yachak* como hombre de conocimiento y medicina, a quien también se lo llama taita, frente a la mujer, que es conocida comúnmente como "curandera". Para un diálogo de saberes en este tema específico, es necesario reconocer también a la mujer su calidad de *yachak*.

En todo caso, aquí nos enfrentamos también con la realidad de la plurinacionalidad, puesto que las distintas nacionalidades no necesariamente mantienen terminologías iguales. Tanto en la Amazonía, como en la Sierra y en la Costa ecuatorianas, existen *yachak*, cuyos conocimientos varían de acuerdo al medio. Así por ejemplo, las plantas medicinales de la Sierra no son las mismas que en las otras regiones, con lo cual se evidencia un conocimiento específico en cada lugar y también un sistema de salud que no puede ser pensado como algo unívoco.

Para un diálogo de saberes no se puede pretender que estos *yachak* tengan un título universitario, puesto que el sistema de aprendizaje no está vinculado a una educación formal sino a una práctica que empieza en la mayoría de los casos a edades muy tempranas, ya sea por transmisión directa o cuando se nota en los niños o niñas una forma de ser especial, abierta al conocimiento de las plantas, de la curación, donde se evidencian capacidades de intuición, de comprensión de la naturaleza y los seres humanos de maneras que no se dan en los otros niños o niñas. Hay casos en que estas personas no completan su educación formal y no cuentan con bachilleratos y, sin embargo, sus conocimientos sobre curación son equiparables a los conocimientos que se adquieren en la academia.

Con esto no estamos diciendo que estos conocimientos tengan las características de la ciencia formal o cuenten con los requisitos de la medicina alópata o medicina convencional, que proviene de la corriente occidental de pensamiento. Pero tampoco se puede pensar que están en menor categoría. En los saberes y tecnologías ancestrales debemos aceptar que el conocimiento no se adquiere necesariamente en las aulas o a través de estudios formales. De hecho, pueden existir personas con amplios conocimientos que no se han graduado ni tienen títulos.

Esta es una problemática que merece ser discutida a profundidad. Las actuales leyes de educación no toman en cuenta este asunto y no existe una normativa que indique que se respetan los saberes y tecnologías ancestrales desde la equidad. Las evaluaciones y las formas de evaluar se concentran en los saberes occidentales. Los parámetros de eficiencia y calidad toman en cuenta los grados y títulos y la trayectoria de estudio y trabajo dentro de una sola perspectiva que es la occidental. Se piensa que solo en los centros educativos está el saber y el conocimiento, por lo mismo, en el caso de la medicina, no se toma como válido el saber y el conocimiento ancestral que se adquiere y se pone en práctica en otros contextos en los que, además, no cuenta solo el individuo sino la comunidad, la cual avala al yachak por su trayectoria y práctica comprobadas.

Frente a esto, hay que comprender que existe lo autodidacta como herramienta válida por donde puede iniciarse un diálogo de saberes incluyente y participativo, con lo cual se pueden trazar normativas, sobre todo si se trata de saberes y tecnologías ancestrales. De todas maneras hay que aceptar que algo se está haciendo alrededor de la salud. El Centro de Salud Área 19 Guamaní, presta en la actualidad servicios de medicina indígena, los cuales forman parte de un proceso de normatización del sistema nacional de salud que incluye como subproceso la medicina intercultural (a cargo del Ministerio de Salud del Ecuador). También en muchas comunidades el Ministerio de Salud otorga permisos a parteras para que ejerzan su profesión sin el requisito del título.

Sin embargo, hay que aceptar una realidad innegable: no se requiere de un permiso para los saberes y tecnologías ancestrales. Aquí debe existir un diálogo de saberes puesto que el permiso, en el mundo andino, lo dan las propias comunidades que se rigen bajo parámetros distintos de evaluación. Así, una partera no es buena profesional si ha obtenido un grado o título en algún centro educativo formal, sino que lo es en la medida de su responsabilidad y trayectoria dentro de la comunidad, lo cual implica que está inmersa dentro de las concepciones de totalidad (*kawsay*) y de *pacha* y desde las mismas actúa y ejerce su labor. Además el permiso implica posiciones jerárquicas, que determinan qué es lo permitido y qué no.

Es decir, se habla de interculturalidad pero a esta se la malentiende como un circuito de una sola vía, es decir, desde lo ancestral a lo occidental, como si lo ancestral debiera acercarse y en algunos casos, asimilarse a lo occidental. Lo propio ocurre con la plurinacionalidad, a la cual se la entiende y acepta como megadiversidad, pero no con los contenidos de organización sociopolítica que supone.

Cuando queremos poner en práctica la interculturalidad y la plurinacionalidad, que están amparadas por nuestra Constitución, debemos tomar en cuenta que esto no es algo dado en la sociedad ecuatoriana y por ello hablamos de un proceso en construcción, que nos atañe a todas y todos los ecuatorianos y cuyo objetivo es el Sumak Kawsay o Buen Vivir (Paz y Miño 2009).

Partimos de que interculturalidad significa "entre culturas" o "culturas compartidas", que es la aceptación de que somos diversos, con diferentes sentidos de vida y que al conocernos y reconocernos como tales, podemos y debemos relacionarnos con equidad y justicia. También decimos que la plurinacionalidad es la organización político-jurídica que acepta la existencia, en el mismo espacio geográfico, de distintas naciones y nacionalidades que son representantes de grupos sociales con culturas diferentes. Si se comprende en esta forma se asegura una construcción de convivencia en armonía, pero como esto no se da en la práctica, lo vital y urgente es el diálogo horizontal de saberes, o más precisamente: la construcción del diálogo horizontal de saberes.

En la medicina de saberes y tecnologías ancestrales, los principios son distintos a los occidentales. Se diagnostica y se curan los aspectos físicos y también psicológicos y espirituales, se indaga más que en los síntomas en los orígenes de las enfermedades, se cura a través de un proceso más que con una fórmula. Sin embargo, no se puede hablar de un conocimiento científico en términos occidentales, puesto que es empírico, lo cual no significa que no sea válido.

Un ejemplo y aspecto importante del saber ancestral está relacionado con las plantas. Estas no son las que curan, en el sentido de que sean seres vivos del mundo vegetal compuestos de elementos químicos determinados; lo que cura es el "espíritu" de la planta. Y el espíritu es un concepto no aceptado por la ciencia occidental.

Para que el espíritu de la planta cure, requiere también de un saber y de un proceso técnico que inicia desde su siembra o incluso antes, desde la selección de la semilla. La siembra ya implica una intención y una relación con el mundo de los seres humanos, pues la planta, en este caso medicinal, va a ser sembrada con una intención particular, que es la intención de que sirva para curar tal o cual enfermedad. A partir de entonces, el *yachak*, que es quien la siembra o debería sembrarla, establece una relación con la planta, porque va a pensar en ella y cuando la vea o la riegue va a inundarla con la intención de la curación, incluso le va a hablar para decirle lo que se espera de ella o para transmitirle cariño y aprobación.

Si el *yachak* no ha sembrado la planta y tiene un paciente al que curar, muchas veces la presiente, la sueña y la busca en su hábitat y al encontrarla primero le pedirá permiso y le dirá para qué fin la arranca; también dará gracias a la mata o a la naturaleza que la ha acogido.

En todo este proceso, lo que importa es el espíritu humano que se conecta con el espíritu vegetal. Después está el procedimiento adecuado para cocinarla de acuerdo a sus características. Se toma en cuenta el tiempo de cocción según sea una planta seca o fresca, si es una hoja, una flor o una rama. También los procedimientos varían si la planta está destinada a bebida, maceración, emplasto, limpia, etc. Asimismo las dosis son de acuerdo a la enfermedad del paciente. Y el objetivo final no es solo la curación de la enfermedad sino la vuelta a la armonía, a la totalidad que incluye un bien individual, familiar, comunitario, cósmico.

De lo revisado en la bibliografía de Eduardo Estrella, los rasgos presentes en esta medicina ancestral y que se remontan a los períodos más antiguos en la cronología de las culturas ecuatorianas, se pueden resumir en: a) aplicación de reglas, modelos, rituales, acciones que explican criterios sobre salud y enfermedad; b) "saber médico" o sea conocimiento (común o científico; c) saber sobre hechos reales y empíricos, lo cual significa saber sobre acciones y reacciones del organismo humano en relación con la naturaleza, saber que crece, se desarrolla, se transmite por generaciones hasta dar como resultado una tradición cognoscitiva válida en el tratamiento de varias enfermedades (Paredes 1989:118-119).

Un dato importante que hay que agregar al respecto es que en aspectos medicinales el diálogo de saberes ha sido constante, primero entre las prácticas médicas antiguas, luego con la llegada de los incas y después con la llegada de los españoles. En todos estos casos se dio un enriquecimiento de conocimientos botánicos y zoológicos. Sin embargo, hay que considerar que el diálogo con los conocimientos de la herbolaria europea siempre estuvieron cargados de los prejuicios religiosos por parte de los conquistadores. Lo que la medicina ancestral ha llamado "espíritu" se ha condenado como algo "del demonio" y la Iglesia ha sido la más censuradora de los saberes y tecnologías ancestrales. Incluso en la actualidad, en muchos casos sigue siendo así y desde la Iglesia se transmite a los "fieles" la idea de que las prácticas medicinales de este tipo son contrarias a lo que quiere Dios. Esto no debería ser así en un país laico, por lo que es preciso entablar también un diálogo de saberes con la Iglesia, en especial en los lugares que esta mantiene centros educativos a su cargo, para que este tipo de pensamientos y criterios sean reconsiderados a la luz del respeto, la equidad y la interculturalidad.

Por último, hacemos mención al estudio acerca de los *yachak* de Ilumán, realizado por José Sánchez-Parga y Rafael Pineda (este último *yachak* de Ilumán) (1985), que empieza con las siguientes frases:

> *Aunquelapresenciadecuranderos,entodassusespecia-lidades (fitoterapistas, sobadores de cuy, sopladores, bru-jos...) y bajo las distintas acepciones de yachac, jambic (en Bolivia jampiris y kallawallas; camascas, soncoyoc, macasa y hacacricuc en Perú), aparece en toda la sierra andina del Ecuador, más numerosos, concentrados o reconocidos según las regiones, en ningún otro lugar probablemente como en la zona (parroquia) de Ilumán (cantón Otavalo) es el grupo de yachac tan amplio y goza de mayor fama y tradición (Sánchez Parga y Pineda 1985:511).*

Esta preeminencia de los *yachak* de Ilumán está registrada desde el siglo XVI y revela que el fin de los medicamentos que aplican, sobre todo en relación al ritual de la "limpieza" o "limpia" no es solo la eficacia médica sino que opera dentro del universo ideológico-cultural. El *yachak* desempeña el papel del psicoanalista o confesor y no solamente es un agente y protagonista del sistema de salud tradicional sino que actúa como "oficiante de la cultura y sociológica del grupo", de tal forma que la medicina tradicional puede ser comprendida como "una estructura a su vez estructurante de todo el universo sociocultural" del grupo o comunidad, "y dentro de la cual se reproduce con una 'relativa autonomía' todo el universos de creencias y símbolos, de religiosidad y de magia de las tradiciones andinas" (ibíd.:576-577).

Almeida Reyes, Eduardo (1999) *Vestido y adorno en las sociedades aborígenes del Ecuador*. Quito, Banco Central del Ecuador.

Almeida, Eduardo (2004) "Las Tolas". *Ecuador Terra Incógnita*. No. 27, enero-febrero.

http://www.terraecuador.net/nucanchig/27_nucanchig_tolas.htm (13-06-12).

Ascher, Marcia y Robert Ascher (1969) "Code of Ancient Peruvian Knotted Cords (Quipus)". *Nature*. Vol. 222, may 10. (s/e).

Ascher, Marcia y Robert Ascher (1972) "Numbers and Relations from Ancient Andean Quipus"; en Springer-Verlang: *Archive for History of Exact Sciences*. (Separata), Vol. 8, No. 4. Alemania.

Astudillo, Tito (2006) "Petroglifos en el sendero Rumiurco". *El Mercurio*. Hemeroteca Virtual. Cuenca. www.elmercurio.com.ec/hemeroteca-virtual?noticia=58892

Barsky, Osvaldo y Gustavo Cosse (1981) "Etapas de la producción lechera". *Tecnología y cambio social. Las haciendas lecheras del Ecuador*. Quito, Flacso.

Bueno, Julio (2002) *Historia de la música en el Ecuador. Culturas indígenas prehispánicas. Época aborigen*.

iloapp.julio-bueno.com/blog/musicaecuatoriana?ShowFile&doc=1208144953.pdf

Caillavet, Chantal (1989) "Las técnicas agrarias autóctonas y la remodelación colonial del paisaje en los Andes septentrionales (siglo XVI)". *Ciencia, vida y espacio en Iberoamérica*. Vol. III. Madrid, CSIC.

Carluci, María Angélica (1963) "Puntas de proyectil. Tipos, técnica y áreas de distribución en el Ecuador andino". *Separata de Hu-*

manitas. Boletín Ecuatoriano de Antropología. IV:1. Julio. Quito, Editorial Universitaria.

Carrillo, Jacqueline (2010) Paila Tola y su historia.

http://revistas.arqueo-ecuatoriana.ec/es/revista-inpc/revista-inpc-2/201-paila-tola-y-su-historia?format=pdf (14-06-12).

Coba, Carlos Alberto (1985) "Danzas y bailes en el Ecuador: ritualidad y control social". *Cultura Revista del Banco Central del Ecuador.* Vol. VII, No. 21b, enero-abril. Quito, Banco Central del Ecuador.

Constantine, Angelo (2011) *La producción de artefactos líticos en la ocupación pre-cerámica del sitio Gran Cacao.* Mayo 22.

http://revistas.arqueo-ecuatoriana.ec/es/cuadernos-de-investigacion/cuadernos-de-investigacion-10/250-la-produccion-de-artefactos-liticos-en-la-ocupacion-pre-ceramica-del-sitio-gran-cacao.

Constantine, Angelo R. (s/f) *La tecnología lítica del asentamiento prehistórico del sitio Grefa en la cuenca del río Canoayacu.*

www.dspace.espol.edu.ec/bitstream/123456789/1505/1/2965.pdf (12-06-12).

Donoso, María Cristina (1980) *Introducción a los tipos y técnicas de pintura en nuestra antigua cerámica.* Trabajo realizado para el Museo del Banco Central del Ecuador. Febrero. Quito.

Erazo Rodríguez, Rodrigo (1994) "Agricultura basada en el uso de pisos ecológicos con tecnología aplicada". *Uso de suelos y tecnología aplicada, desde la historia antigua hasta nuestros días, en la provincia de Chimborazo.* Monografía realizada para el Banco Central del Ecuador.

Estrella Aguirre, Eduardo (2006) *La medicina en el Ecuador prehispánico.* Ecuador, Casa de la Cultura Ecuatoriana Benjamín Carrión.

Flores Bustos, Fausto A., Modesto Baez, José Romero, et al. (1978) *Técnicas cerámicas empleadas en las culturas prehistóricas ecuatorianas.* Trabajo monográfico. Curso de Perfeccionamiento Docente en Prehistoria y Arte Colonial Ecuatorianos. Banco Central del Ecuador.

Guayasamín, Gustavo (s/f) *La cruz del tiempo.* Monografía sin publicar.

Guerreo Ureña, Marcos (2011) *Geometría analítica fractal. La geometría prehispánica.* Ecuador, Fondo Ágil Corporación.

Hidrobo Urigüen, Jaime (1987) *Instrumentos musicales prehispánicos del Ecuador*. Cuenca, Banco Central del Ecuador.

Hoffmeyer, Hans (1985) "Diseños salasacas". *Cultura Revista del Banco Central del Ecuador*. Vol. VII, No. 21b, enero-abril. Quito, Banco Central del Ecuador.

Holm, Olaf (1978) "Jaile: cordelería rural en la Costa del Ecuador"; en R. Hartmann y U. Obederem (eds.): *Estudios Americanistas I*. Homenaje a H Trimborn. St. Agustin (Coll. Inst. Anthr. 20).

Jibaja Lemos, Guillermo (1978) *Los quipus incaicos*. Monografía realizada para el Museo del Banco Central del Ecuador. V Curso de Prehistoria y Arte Colonial. Quito.

Lara, Catherine (2007) "La metalurgia precolombina: Técnicas y significados". *Apachita*. Marzo.

http://revistas.arqueo-ecuatoriana.ec/es/apachita/apachita-7/65-la-metalurgia-precolombina-tecnicas-y-significados

Locke, L. Leland (1978) "El quipu antiguo o registro peruano de nudos"; en José Matos Mar (dir.): *Tecnología andina*. Perú, Instituto de Estudios Peruanos, Instituto de Investigación Tecnológica Industrial y de Normas Técnicas.

Marcos Pino, Jorge Gabriel y Martín Bazurco Osorio (2006) "Albarradas y camellones en la región costera del antiguo Ecuador"; en Francisco Valdez (ed.): *Agricultura ancestral. Camellones y albarradas. Contexto social, usos retos del pasado y del presente*. Quito, Abya-Yala, Instituto Francés de Estudios andinos, IRD, Banco Central del Ecuador, INPC, CNRS, DRC.

Mena, Oscar (1984) "Investigación científica y tecnológica para la agricultura". *Ecuador Debate. Campesinado y Tecnología*. No. 6. Agosto. Quito, Centro Andino de Acción Popular (CAAP).

Mila Villena, Carlos (2002) *Ayni*. Cochabamba, Asociación Cultural Amaru Wayra.

Ministerio de Cultura del Ecuador (2011) *Rumipamba. Un sitio arqueológico en el corazón de Quito*. Quito, Ministerio de Cultura.

Molestina Z., María del Carmen (2011) "Interpretación preliminar del sitio arqueológico de Rumipamba". *Rumipamba. Un sitio arqueológico en el corazón de Quito*. Quito, Ministerio de Cultura.

Ontaneda Luciano, Santiago (2007) *Ecuador. Hitos de su pasado precolombino*. Quito, Banco Central del Ecuador.

Paz y Miño, María Eugenia (2007) "Tiempo y cultura". *Imaginaria*. Revista de Cultura. No. 2, junio-agosto. Gobierno de la Provincia de Pichincha.

Paz y Miño, María Eugenia (2009) *Constructores de interculturalidad y plurinacionalidad*. Documento de trabajo para la Secretaría de Pueblos, Movimientos Sociales y Participación Ciudadana (inédito).

Paz y Miño, María Eugenia (2010) *Análisis de factibilidad del retorno del monolito de San Biritute a la comuna de Sacachún*. Proyecto para el INPC Regional 5 Guayas. En proceso de publicación...

Paredes, Domingo (1989) *Ecuador: ciencia y tecnología precolonial*. Quito, Editorial El Duende.

Racionero, Luis (1977) *Filosofías del underground*. Barcelona, Editorial Anagrama.

Rodríguez Muñoz, Teodoro (2011) *Caras de piedra gigantes en el Austro*. Abril. www.revistacuenca.com/articulo.aspx?id=278 (12-06-12).

Rueda Novoa, Rocío (1988) "El desarrollo textil-manufacturero en la Audiencia de Quito". *El obraje de San Joseph de Peguchi*. Cayambe, Abya-Yala.

Sadowski, Robert M. (1992) "Los problemas de la reconstrucción de los calendarios prehispánicos andinos"; en Mariusz S. Ziólokowski y Robert M. Sadowski: La arqueoastronomía en las investigaciones de las culturas andinas. Colección Pendoneros. Quito, Banco Central del Ecuador, Instituto Otavaleño de Antropología.

Salazar, Ernesto (2007) Ecuador desde Catequilla.

http://revistas.arqueo-ecuatoriana.ec/es/apachita/apachita-8/78-ecuador-desde-catequilla (14-06-12).

Sánchez Albornoz, Nicolás, James Lockhart, Frederick P. Bow et al. (2003) "La minería en la Hispanoamérica colonial". América Latina en la época colonial. 2 Economía y Sociedad. Barcelona, Crítica S. L.

Sánchez-Parga, José (1985) "Simbólica textil y representación social del espacio andino". *Cultura Revista del Banco Central del Ecuador*. Vol. VII, No. 21b, enero-abril. Quito, Banco Central del Ecuador.

Sánchez-Parga, José y Rafael Pineda (1985) "Los yachac de Ilumán". *Cultura Revista del Banco Central del Ecuador*. Vol. VII, No. 21b, enero-abril. Quito, Banco Central del Ecuador.

Silva Santisteban, Fernando (1978) "Los obrajes en el virreinato del Perú"; en José Matas Mar (dir.): *Tecnología andina*. Perú, Instituto de Investigación Tecnológica Industrial y de Normas Técnicas.

Tatzo, Alberto y Germán Rodríguez (1996) *La visión cósmica de los Andes*. Quito, Abya-Yala.

Tobar Bonilla, Guadalupe (1985) "Natabuela: un caso de resistencia y adaptación cultural de la indumentaria indígena". *Cultura Revista del Banco Central del Ecuador*. Vol. VII, No. 21b, enero-abril. Quito, Banco Central del Ecuador.

Touchard, Anne (2006) "Una casa manteña puede esconder otra: evaluación preliminar de la *tola* J6 de Japoto (provincia de Manabí, Ecuador)". *Bulletin de l'Institut Français d'Études Andines* www.ifeanet.org/publicaciones/boletines/35%283%29/285.pdf (14-06-12).

Vieira, León (1984) "Evolución arquitectónica de Guayaquil". *Revista Diners* 30. Vol. V, septiembre.

Viteri Gamboa, Julio (1968) "Las cañas de Chan-Chan en el comercio precolombino del Ecuador". *Separata de Cuadernos de Historia y Arqueología*. Nos. 34-35, Año XVIII. Guayaquil, Casa de la Cultura Ecuatoriana Núcleo del Guayas.

Yánez Cossio, Consuelo (1985) "Elementos de análisis quichua en matemáticas". *Cultura Revista del Banco Central del Ecuador*. Vol. VII, No. 21b, enero-abril. Quito, Banco Central del Ecuador.

Zevallos Menéndez, Carlos (1958) *Tecnología metalúrgica arqueológica. Elaboración del alambre*. Tirada aparte de *Cuadernos de Historia y Arqueología*. Año VI, Vol. VI, enero-diciembre de 1956. Nos. 16-17-18. Guayaquil, Casa de la Cultura Ecuatoriana Núcleo del Guayas.

Ziólkowski, Mariusz S. (1992) "Algunas observaciones generales acerca del papel de los fenómenos astronómicos en los sistemas mágico-religiosos antiguos"; en Mariusz S. Ziólokowski y Robert M. Sadowski: *La arqueoastronomía en las investigaciones de las culturas andinas*. Colección Pendoneros. Quito, Banco Central del Ecuador, Instituto Otavaleño de Antropología.

Páginas web (consultadas entre junio y julio de 2012)

http://0latitud.blogspot.com/2007/08/el-catequilla.html
http://cochasqui.org/

http://cyt-ar.com.ar/cyt-ar/index.php/Industria_textil_precolombina

http://revistas.arqueo-ecuatoriana.ec/es/apachita

www.amawtaywasi.edu.ec/

www.arqueo-ecuatoriana.ec/es/bibliografia

www.hoy.com.ec/noticias-ecuador/inpc-permite-construccion-en-ca-
    tequilla-330944.html

www.jatunyw.edu.ec/

www.quitsato.org/?page_id=112

www.quitsato.org/wp-content/uploads/2011/12/Catequilla-en-pe-
    ligro.-Uso-y-abuso-del-Patrimonio-con-im%C3%A1ge-
    nes.-PDF..pdf

Tiempo, números y cultura

1. Introducción

El tiempo y los números existen porque los seres humanos han creado y conceptualizado alrededor de estos términos. Sin embargo, estas creaciones y conceptualizaciones no son las mismas para todo el planeta. No existen bases universales para definirlas. Dependiendo de la cultura en la cual nacemos, tendremos una apreciación específica, y diferente a la de personas de otras culturas.

Siendo como es la cultura occidental la base de la educación y modo de vida hegemónico de Latinoamérica, es necesario aclarar los términos que manejaremos a lo largo de este trabajo, cuyo objetivo general es llegar a un conocimiento sobre las distintas prácticas, significados y sentidos alrededor del tiempo y de los números, que nos permitan entender que las diferencias culturales deben ser tomadas en cuenta, tanto para el estudio de las ciencias sociales como para el de las ciencias exactas.

Esto nos lleva a la revalorización de las ciencias sociales y a la humanización de las ciencias exactas, que a la vez nos conduce por el camino de lo interdisciplinario, como herramienta fundamental de trabajo en el mundo contemporáneo.

Partimos de lo sistematizado por la cultura occidental, cuya base histórica más lejana la encontramos en la antigua Mesopotamia, antiguo Egipto, Grecia y Roma, y que se extiende por Europa. En su largo proceso de transformación, esta cultura milenaria llega a América con la conquista y sufre nuevas transformaciones, en especial por las contradicciones que se suceden al constatar la existencia de otras culturas milenarias.

Tales contradicciones no le dieron a la cultura occidental una aceptación de los otros como seres igual de pensantes y por ello, la ciencia, la filosofía, el arte y la espiritualidad del mundo occidental fueron impuestos y siguen imponiéndose en el plano económico desde el sistema capitalista, en el plano político desde el Estado-nación, y en el plano social con la división en clases. En la actualidad, incluso se habla de una tendencia a homogenizar las formas de vida occidentales, amparada por el "nuevo orden mundial", la globalización, las tecnologías informáticas.

Lo que más se ha propagado no son los significados profundos y humanistas de Occidente, sino esos sistemas económicos, políticos, sociales, que nos dan por resultado una humanidad cargada de conflictos, injusta, inequitativa, individualista, depredadora, donde la ciencia, el arte y la espiritualidad son tergiversados en su esencia y puestos al servicio de intereses particulares, de empresas y gobiernos.

Frente a ello, las culturas milenarias de América han reforzado su papel de resistencia, pero también, con un sentido liberador, proponen respuestas al dominio de este Occidente conflictivo, a través de sus propias ciencias, artes y espiritualidad. De ahí la importancia de hallar nuevos sentidos al quehacer como científicos, pensadores, intelectuales, que analizamos las informaciones hasta entenderlas y engrandecerlas, para contribuir con ello a la construcción de un planeta de paz y justicia.

2. Desarrollo

La concepción de "cultura" tiene punto de partida en las reflexiones filosóficas de griegos y romanos, pasa por la teología del medioevo, por la apreciación humanista del Renacimiento y la iluminista del siglo XVII y estuvo siempre unida a modelos políticos particulares, que determinaron diferentes apreciaciones teóricas. La cultura incluso ha sido entendida como sinónimo de civilización, y en este sentido fue incorporada a los planteamientos de enciclopedistas y filósofos, hasta dar como resultado no solo las bases para el aparecimiento de la Antropología o ciencia que estudia la cultura, sino también, y a la par, el establecimiento de posturas etnocentristas que han continuado hasta nuestros días.

Ecuador y América Latina en general han recibido esas influencias, donde el etnocentrismo se vuelve obvio, a pesar de los procesos de transformación social que se viven, pues aún se piensa, desde muchos ámbitos, que la cultura es un "privilegio" o una dádiva, que equivale a educación, a "buen gusto", que es un "grado" de civilización, mientras la ciencia demuestra que la cultura es inherente al ser humano y que no se puede concebir un pueblo o una sociedad sin cultura.

Es pues tarea de investigadores, pensadores, científicos, desechar ideas y actitudes caducas que todavía defienden la existencia de culturas superiores a otras, cuando se ha demostrado que no es así, que sencillamente somos diversos. La Antropología comprometida con la vida, la que se estudia y sigue en Latinoamérica es clara al respecto. La propia ciencia Genética en 2003, luego de terminar de secuenciar el genoma humano, nos aclara "que todos tenemos el mismo material genético y que no existen diferencias esenciales entre las personas; todos somos de la misma raza: la humana" (Paz y Miño, 2015).

El antropólogo ecuatoriano Patricio Guerrero nos dice: "La cultura hace referencia a la totalidad de prácticas, a toda la producción simbólica humana, material o espiritual, resultante de la praxis que el ser humano realiza en sociedad, dentro de un proceso histórico concreto" (Guerrero, 2002: 18).

Si bien Guerrero habla de la cultura en general, también indica que se desenvuelve dentro de un "proceso histórico concreto". En el planeta Tierra, no todos hemos vivido los mismos procesos históricos y por tanto, al encontrarnos con grupos humanos, cuyas producciones simbólicas y praxis social son distintas, hablamos de culturas también distintas. Estas culturas tienen una reflexión sobre sí mismas, tienen ciencia, arte y espiritualidad, aunque con sentidos diferentes a los del mundo occidental. Pero también hay desvalorizaciones cargadas de etnocentrismo que afectan a la propia ciencia, la cual no acepta descubrimientos importantes para la humanidad, solo por el hecho de toparse con culturas (antiguas y actuales) que no han sistematizado sus conocimientos o que no pasan por el ojo de la "validación científica".

El caso de la cultura maya antigua es evidente. Pese a que sí tenía escritura y conocía el número cero, es estudiada y analizada desde parámetros que impiden reconocerla como una cultura con conocimientos matemáticos y astrofísicos equiparables a los del mundo contemporáneo. Asimismo, en los Andes existían formas de comunicación de los conocimientos, en un tipo de lenguaje que la cultura occidental desconoce. El calendario Tzolkin y la Chakana son muestras de la sofisticación de este lenguaje y condensan extensos conocimientos.

Dado que Ecuador es un país cuya base cultural no proviene solo de la raíz occidental, se vuelve necesario conocer la raíz indígena, cuyo origen histórico es anterior a la conquista y cuya influencia está viva en la actualidad, más allá de determinaciones desde el Estado-nación o desde las diferencias sociales y económicas. Reivindicar pues, la raíz indígena latinoamericana, y ecuatoriana en particular, es reivindicar formas de vida y de pensamiento válidas para enfrentar los desafíos humanos del presente, a la vez que contribuir al desarrollo del conocimiento y la sabiduría.

En el campo de la ciencias es crucial tomar en cuenta lo expuesto, pues la cultura occidental, al ser una cultura hegemónica, prioriza el estudio de corrientes que manipulan la información, para hacernos suponer que el único camino hacia el saber y el conocimiento es la ciencia de Occidente. Este es un paradigma colonial, pues acepta solo un modelo de investigación que cataloga en menor valía los enunciaciones de "modelos" distintos, como los del conocimiento indígena.

En la actualidad y dado que las "ciencias" provenientes de las culturas indígenas no tienen una sistematización al modo de las occidentales, se las denomina con el nombre general de "saberes" o "saberes ancestrales", con lo cual se da un antagonismo entre ciencia y saber. Algo semejante sucedió entre los conceptos "filosofía" y "cosmovisión", hasta que Josef Estermann aportara en gran medida para dar luces al respecto (Estermann, 1998).

No pretendemos en este trabajo dar las bases para equiparar ciencia con saberes. Diremos tan solo que esta es una tarea pendiente de la Epistemología y está en ciernes en América Latina.

Más allá de que la cultura occidental también sea ancestral y de que el orden racional matemático sea percibido casi como verdad absoluta, la ciencia ha sido vista como un sistema que articula conocimientos, por oposición al saber ancestral, entendido como una experiencia de vida, sin que pase por un proceso de construcción en términos de ciencia lógica o elaboración teórica lógica (Paz y Miño, 2013: 20).

Las diferencias entre ciencia y saberes no radican solo en terminologías sino en que determinan modelos de vida, en muchos casos avalados por el Estado-nación, los cuales sin embargo, no han solucionado los problemas sociales de discriminación o de racismo. En Ecuador se olvida que existe una cultura hegemónica que establece relaciones de dominio con otras culturas ecuatorianas. No ha habido relaciones de equidad ni tampoco diversidad de criterios, pues luego de la conquista y durante toda la República se mantiene un modelo monocultural (que privilegia a una sola cultura).

En las ciencias esto se da abiertamente y las corrientes teóricas e investigaciones científicas normalmente tienen como base las reflexiones dadas desde la fecha en que Colón llegó a América y los descubrimientos científicos se cuentan a partir del desarrollo del mundo occidental europeo. En la etapa colonial, en los inicios de la República y en la actualidad misma, pareciera que los saberes del mundo indígena o andino solo tendrían su razón de ser en el folclor, las corrientes del New Age o las modas de autoayuda. Entonces, una de las tareas de las ciencias es la de reconsiderar nuestras raíces para hallar que han existido conocimientos y tecnologías ancestrales importantes para el ser humano, que siguen vigentes.

Asumir lo expuesto nos lleva a insertarnos en el proceso de construcción de una nueva ciencia para Ecuador y el resto de América Latina. Una ciencia que establezca vínculos entre saberes y conocimientos –catalogados o no como científicos–, para superar etapas colonialistas, esencialistas o fundamentalistas y ejercer, también en el plano científico, la interculturalidad propuesta en nuestra Constitución.

¿En qué plano de relación está la cultura con respecto a aquello que llamamos "tiempo", a aquello que llamamos "número"? La respuesta no es tan simple. Se puede responder desde las ciencias, las filosofías, las artes y/o la espiritualidad, y sin embargo, comprobaremos que incluso así, la concepción de tiempo y de números responde al modo de ser de culturas concretas.

En el mundo contemporáneo prima la concepción occidental de manifestar y representar a los números, con énfasis en la cantidad más que en la cualidad. En la matemática maya no es así. La cantidad implica de por sí una cualidad y el énfasis que se da a los números está relacionado con los ciclos del tiempo. Esto puede comprobarse en el Tzolkin, el calendario que se traduce como "la cuenta de los días".

De acuerdo a los investigadores José y Lloydine Argüelles, el Tzolkin (Argüelles, 1987) tiene como base un estándar de medidas y una matemática muy distinta a los marcadores de tiempo conocidos a nivel mundial. Contiene un código matemático vigesimal a partir de una matriz numérica radial de 0 a 19, que da mayor flexibilidad en poderes y cualidades, con respecto a la matemática posicional del sistema decimal. Los números en este sistema se escriben con punto y raya [(• = 1); (— = 5)], como se muestra en la figura 1 a la izquierda. En esta misma figura, a la derecha, está la tabla de permutaciones diseñada para facilitar la explicación de la matemática del Tzolkin.

1	8	2	9	3	10	4	11	5	12	6	13	7
2	9	3	10	4	11	5	12	6	13	7	1	8
3	10	4	11	5	12	6	13	7	1	8	2	9
4	11	5	12	6	13	7	1	8	2	9	3	10
5	12	6	13	7	1	8	2	9	3	10	4	11
6	13	7	1	8	2	9	3	10	4	11	5	12
7	1	8	2	9	3	10	4	11	5	12	6	13
8	2	9	3	10	4	11	5	12	6	13	7	1
9	3	10	4	11	5	12	6	13	7	1	8	2
10	4	11	5	12	6	13	7	1	8	2	9	3
11	5	12	6	13	7	1	8	2	9	3	10	4
12	6	13	7	1	8	2	9	3	10	4	11	5
13	7	1	8	2	9	3	10	4	11	5	12	6
1	8	2	9	3	10	4	11	5	12	6	13	7
2	9	3	10	4	11	5	12	6	13	7	1	8
3	10	4	11	5	12	6	13	7	1	8	2	9
4	11	5	12	6	13	7	1	8	2	9	3	10
5	12	6	13	7	1	8	2	9	3	10	4	11
6	13	7	1	8	2	9	3	10	4	11	5	12
7	1	8	2	9	3	10	4	11	5	12	6	13

Figura 1: Tzolkin y tabla de permutaciones.
Fuente: Tzolkin y tabla de permutaciones (s.f.). Recuperado el 20 de mayo de 2015, de https://xochipilli.files.wordpress.com/2013/12/tzolkin.jpg

El conjunto del Tzolkin contiene 13 subconjuntos con cuentas de 1 a 13 cada una. La combinación de códigos 0-19 y 1-13, se interpreta como una constante de medida cíclica. El Tzolkin pues, es una plantilla numérica de 260 unidades que crea la proporción 13 × 20, entendida como frecuencia 13:20. El número 260, a su vez, también determina una medida cíclica.

Lo notable es que el 13 se corresponde a los ciclos naturales del planeta Tierra y se refiere a las 13 lunas que se dan en un año solar. Asimismo, el 260 corresponde a un giro galáctico, como fractal del número 26 000, que, de acuerdo a la Astrofísica, es el número de años luz que dista nuestro Sistema solar del centro de la galaxia.

Todo en el Tzolkin funciona como un fractal. Pero no responde solo a la cantidad, sino también a la cualidad. En cuanto calendario, la unidad puede leerse como un día o cien, o mil días. De igual forma, puede entenderse como centena, mil, diez mil, etc., o como un acontecimiento, una persona, un grupo humano.

Un muy interesante estudio de Lucrecia Maupomé (s/f), indica que el "centro simbólico" del Tzolkin es el 20 que tiene valor posicional con 20 signos en cada lugar, que estos 20 jeroglíficos se repiten en sucesión invariable dentro del calendario de 260 días y dentro del calendario anual, y que utiliza el 0 muchos siglos antes que el sistema indo-arábigo.

Los números en este calendario son vistos dentro de un contenido filosófico, cuyo interés no fue, al menos para los antiguos mayas, expresar las bases de su ciencia o su sistema de creencias. El interés giraba en torno a aplicar los números y las cualidades dadas a estos números, como vivencia –fenomenológicamente hablando–. De ahí que los números tengan significados que dan sentido a la vida, ligados al calendario, al tiempo. El numero 20 representa al ser humano con sus veinte dedos, pero también a los dioses, a la perfección, a la iluminación. En esta misma línea, el 260 corresponde a un ciclo humano (también es el número de días promedio de la gestación humana), que si se lo sigue de unidad en unidad en forma consciente e incluso como oráculo diario, permite completar un aprendizaje concreto.

Como el tiempo es concebido en forma cíclica, espiral y radial, cada aprendizaje conduce a más iluminación, hasta llegar al ideal de uno mismo, que sería completar 52 ciclos de 260 unidades; esto es, la edad de la sabiduría. Este número 52 sale de la multiplicación de 13 × 4 (4 ciclos de 13). Los números mayas están ligados por diversas operaciones matemáticas que dan resultados con sentido específico.

Los números asumidos para entender los ciclos, llevan a percibir el tiempo en el mismo sentido explicado por Albert Einstein: que el tiempo es la cuarta dimensión. Asimismo, de acuerdo con la Teoría de la Relatividad, en Matemática sabemos que el tiempo está asociado a los espacios de más de tres dimensiones y que al combinar tiempo con espacio obtenemos un modelo que explica los eventos físicos del Universo.

Los avances en diferentes campos de la ciencia y la filosofía para establecer la "naturaleza del tiempo" como la llama Stephen W. Hawking (1993), difieren en sentidos y significados con respecto a las culturas americanas, para las cuales no hay ninguna naturaleza en el tiempo. Por el contrario, el tiempo es naturaleza.

En los Andes también se desarrolló una visión distinta a la occidental, con respecto a los números y al tiempo. Un ejemplo lo tenemos en la Chakana, presente desde épocas prehispánicas y que se interpreta desde planos tanto matemáticos como sociales, cósmicos y espirituales.

El significado, de acuerdo a los diccionarios, hace referencia a sustantivos como escalera, puente, camilla, andas, tarima, y a verbos como atravesar, cruzar, apuntar, construir un puente. Glauco Torres incluso lo equipara con el signo zodiacal de Libra (Torres, 1982: 47). La Chakana es una cruz escalonada, en pirámide, cuyo sentido profundo se relaciona con un puente hacia lo alto.

Más allá de las interpretaciones que se han dado de la Chakana, que son muchas y diversas, desde las de tono científico hasta las de tono espiritual y hasta esotérico, quiero referirme a mis propias investigaciones sobre la base de estudios de los números relacionados con el tiempo.

Parto primero de que la relación de los indígenas andinos con respecto a la percepción del tiempo de los mayas es la misma, pero proviene de otra mitología. Así, en lo andino tenemos la idea del Hatun, del cual proviene lo femenino y masculino cósmicos: Pachamama y Pachakamak. Este principio está presente en los mayas a través de la figura del Hunab Ku, que se muestra en la figura 2.

Figura 2: Hunab Ku. Fuente: Wikipedia (s.f.). Hunab Ku. Recuperado el 4 de junio de 2015, de https://es.wikipedia.org/ wiki/Hunab_Ku#/media/File:Maya_calendar_(Hunab-Ku).svg

El Hatun es más equiparable al concepto de Big Bang que al concepto del Caos griego, dado que aparece en el escenario andino para explicar el tiempo primigenio, cuando los seres humanos aún no habitaban el planeta. Hatun es el origen de la espiral y de los ciclos, expresados en el término "pacha" y sus derivados, pero además el tiempo forma una unidad con el espacio. Así, "Pachakuti", hace alusión a una medida, comprendida como quinientos años, fin del mundo, juicio final, cataclismo; pero también, en términos de espacio, se refiere a acontecimientos en la Allpamama (Madre o planeta Tierra). Es un tiempo-espacio para el ser individual, pero en sentido social, comunitario; es decir, es un tiempo-espacio histórico concreto. Por eso se habla del

Décimo Pachakuti, el actual, como el del despertar de las consciencias humanas, donde la comunidad es lo humano en su conjunto.

Al igual que los mayas, la pacha andina no se refiere a un tiempo-espacio lineal, sino cíclico, espiral y radial, que se reproduce en las siembras y cosechas y que le permite al ser humano vivir integrado a la naturaleza y el cosmos. El sentido del fluir del tiempo no es el mismo que para occidente. La Luna, el Sol y demás astros, al ser analizados por los científicos indígenas, marcan ciclos que no dependen de voluntad alguna. De ahí se concluye que debían vivir en sintonía con esos ciclos, para lo cual elaboraron herramientas de apoyo, cuyos sentidos y significados se encierran en el concepto occidental de "calendarios", pero que, en contraste con el mundo occidental, permiten establecer una relación directa con la naturaleza y el cosmos. Este pensamiento llevó a los antiguos indígenas americanos a grandes descubrimientos y aportes, no solo en el área de la Agricultura, sino también en la Metalurgia, Minería, Ingeniería, Arquitectura, Matemática, Astronomía, Medicina, entre otras tecnologías y ciencias[1].

Así que las apreciaciones sobre el devenir de los ciclos, es decir del tiempo-espacio (*pacha*), se manifestaron en las culturas originarias de América a través de calendarios, como la Chakana, que demuestran visiones opuestas a las del mundo globalizado y posmoderno de la actualidad.

Los calendarios americanos mantienen una comprensión del tiempo como cuarta dimensión y utilizan incluso ecuaciones matemáticas para efectuar aproximaciones al futuro, tal como es posible hacerlo con relación al pasado, de acuerdo a las teorías de Einstein. Por medio de su capacidad de radio de acción, a la vez infinito

---

[1] Sobre esto se profundiza en el primer estudio *Saberes y tecnologías ancestrales*.

que puede ir de mayor a menor o viceversa, se puede interpretar situaciones sociales específicas como aspectos positivos o negativos para la población. No se trata de un sistema adivinatorio, sino que se parte de una relación lógica: Si para Allpamama hay un día y una noche, también lo hay para Inti Pamba Pacha (Hanan Pacha) o Sistema Solar y por supuesto, para los seres que lo habitan. La conexión con el giro de los astros, con las lunaciones, solsticios, equinoccios y demás entes materiales o abstractos salidos de Pacha, garantiza un mejor discernimiento en la ruta de la vida, pues la vida misma se da dentro de una reiteración de los ciclos del tiempo.

En Occidente no funciona así. El Calendario Gregoriano a más de ser promulgado por Orden Papal de Gregorio XIII en octubre de 1582, se consolidó en América junto al reloj mecánico que llegaba a su perfección por esa misma época. Durante todo el proceso colonial y amparado en la "Doctrina del Descubrimiento", fue impuesto el sentido europeo de medir el tiempo, incorporando sistemas de creencias, que se manifiestan hasta hoy como estándar mundial, cimiento de lo que comúnmente llamamos "civilización" y que actúan cual dogma incuestionable. Entre las culturas indígenas el reloj de 12 horas y 60 minutos es válido solo en la medida en que responde al concepto de sincronía. Más allá de eso, el lema occidental de "el tiempo es oro" y los paradigmas creados alrededor del calendario y del reloj, resultan contrarios a la naturaleza.

Como el tiempo es naturaleza, cualquier calendario de respeto debería estar a la par de los ciclos de la Tierra y del cosmos. En el Calendario Gregoriano las cuentas de 12 meses son irregulares y no responden a ese tipo de ciclos. Las bases de los calendarios andinos, estudiadas tomando como referencia los escritos de Waman Poma de Ayala, deben ser revisadas, puesto que están evidentemente influenciadas por un marco de referencias y concepciones teórico-filosóficas esencialmente escolásticas y metafísicas, presentes tanto en las observaciones como en las valoraciones de los hechos narrados. A Waman Poma no se le habría permitido tampoco profundizar en temas desconocidos por entonces para los conquistadores y catalogados como contrarios a la religión católica[2].

La obra de Waman Poma terminó de escribirse por el año de 1615; 33 años más tarde de haberse promulgado la orden papal sobre la instauración y consecuente imposición del Calendario Gregoriano en los pueblos de América. Esto en pleno ejercicio del Tribunal de la Inquisición que había sido establecido con varias décadas de anterioridad en México, Lima y Cartagena de Indias.

De ahí que Poma tenga una óptica netamente católica para narrar, pues lo hace tomando como base las creencias de esta religión acerca de la divinidad, la creación, Adán y Eva, que no corresponden a las creencias indígenas precolombinas. De ahí también que es dable dudar de la autenticidad del calendario especificado por este autor, consistente en los mismos 12 meses irregulares del Calendario Gregoriano.

Las cuentas incaicas no pueden haber tenido la irregularidad en meses, como la planteada en el Calendario Gregoriano, donde unos meses tienen 30 días, otros 31 y febrero 28 o 29 dependiendo de si es o no año bisiesto. Al menos esto no se desprende de la Chakana. Más creíble es la hipótesis de meses de 28 días, similares a los de la cuenta maya. Al respecto y conforme a lo expuesto por el

---

[2] Con respecto a Waman Poma, estudios actuales, como los de William Burns, indican que los signos geométricos que acompañan a los dibujos de Waman Poma, son una escritura que se corresponde con la disposición de nudos y colores en los quipus. Esto sin duda, abre nuevas perspectivas a la investigación de los datos que servirán de mejor base para el entendimiento de la cultura incaica y en especial de sus saberes y tecnologías.

autor Carlos Milla (1992: 37), los aymara de Perú y Bolivia conservan un calendario de 13 meses con 28 días (364 días) más un día que "amarra" un año con otro, muy parecido al "día verde" en el calendario maya.

El calendario lunar de 13 estuvo presente en toda América, pero fue combatido con la nueva visión del tiempo traída por los españoles. El 13 tiene significado no solo para las culturas indígenas sino también para la cultura occidental, la cual relaciona este número con desgracias y "mala suerte". En la época de la Inquisición el 13 de las culturas americanas rompía el orden papal de medir el tiempo y por lo tanto debía ser combatido. Nada de este tendría que mantenerse y Waman Poma debió acogerse a ello, para que no quedaran vestigios de lo que se catalogó como "idolatrías".

El significado del número 13 es diametralmente opuesto en las culturas originarias de América, pues representa a lo femenino matriz, catalogado como de menor valía para la cultura europea que desde tiempos de la Colonia sojuzgó a las mujeres y sentó las bases del machismo contemporáneo. Todas las ceremonias a la Luna fueron combatidas, al igual que las celebraciones al Sol y los calendarios tuvieron también su parte. Se sabe acerca del Tzolkin por los pocos códices que pudieron salvarse y porque los mayas dejaron su lenguaje esculpido en piedras que estuvieron escondidas hasta bien entrada la época colonial. La mayoría de los legados en América se perdieron, aunque no los símbolos ni la tradición oral de todo ese conocimiento antiguo que está también en la Chakana y que es motivo de interesantes investigaciones en la actualidad.

La interpretación general de la Chakana alude a 2 elementos contrapuestos que están unidos en el universo: femenino-masculino, tierra-sol, norte-sur, bajo-alto, inferior-superior, sol-luna, arriba-abajo, tiempo-espacio, etc. Se indica que los 4 extremos son las 4 direcciones y las estaciones, y que cada segmento de 3 escalones representa el mundo de los dioses, el de los hombres y el de los muertos. Asimismo, el centro circular se concibe como la dualidad interna del universo, el vacío primigenio, lo sagrado y verdadero.

El punto de referencia para la Chakana es la constelación de la Cruz del Sur, que en el mes de mayo[3] aparece con la forma de una cruz latina perfecta. Las ecuaciones matemáticas se desprenden del modelo de esa constelación y dan lugar a varias interpretaciones y estudios. Así, se entiende que la Chakana actúa como medida de tiempo; esto es, como calendario del cual se obtienen los días y meses del año andino. Hay varias formas de Chakana, que son motivo de relaciones en cuanto a aspectos numéricos y de tiempo, pero en la figura 3 mostramos las más estudiadas:

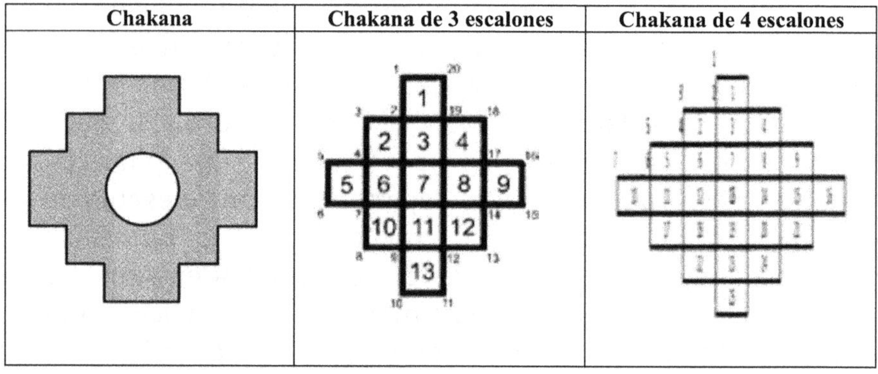

Chakana	Chakana de 3 escalones	Chakana de 4 escalones

Figura 3: **Formas de Chakana. Fuente: Elaboración propia.**

---

[3] El 3 de mayo es el Día de la Chakana.

Si dividimos la Chakana de 3 escalones en espacios, se obtiene el número 13, que indicaría las lunas (meses) del año de 28 días cada una; además, el 28 es el número del ciclo menstrual natural femenino. Lo interesante de esta Chakana es que, si se suman sus vértices obtenemos 20, número presente en las cuentas mayas. Esto nos lleva a la proporción 13:20, explicada en el caso del Tzolkin maya, pero también a distinguir, en el centro de la Chakana, al 7, mitad perfecta de 13, de acuerdo a la siguiente secuencia, distinguida en esta singular matemática:

1   2   3   4   5   6   **7**   8   9   10   11   12   13

El 7 representa, no tanto a la semana (que es un concepto más occidental), sino un ciclo de tiempo pero también la unificación mental, la armonía, el punto central por donde pasan todas las medidas, si es que estas se presentan con trazos diagonales, como suelen proponerlo algunos autores.

En la Chakana de cuatro escalones, obtenemos nuevamente el número 7; esta vez al sumar los vértices, lo que corresponde a un ciclo de tiempo específico (días, lunas, años). Pero también se puede multiplicar este 7 por el número de lados (4) que tiene esta singular cruz; esto nos da 28 (Rodríguez citado por Emindio, 2011).

Los números que resaltan tienen un significado equiparable al dado en la cultura maya. En especial el 7, que en todas las culturas es un número especial. En realidad, todos los números tienen un significado importante, porque en su conjunto representan la capacidad de la mente humana de crear. El número es una creación mental. Todo puede ser visto como un número, incluso Dios, que vendría a ser un número inconcebible para la mente.

Tal como sucede en el calendario maya y en el aymara, la cuenta de multiplicar 28 días por 13 meses, nos da el número 364. El día que falta para completar el año solar, se cuenta como la unión del principio y el fin del año. Este día es netamente dialéctico. Entre los aymaras es cuando el Sol reposa sobre el nevado Illampu (Ibíd.). Los "extras" medidos en el Calendario Gregoriano y que se "compensan" aumentando cada 4 años un día a febrero, parece que se compensaban, en el mundo maya al menos, en la cuenta larga (calendario Haab), la cual, de acuerdo al arqueoastrónomo investigador de la UNAM (Universidad Nacional Autónoma de México), Daniel Flores Gutiérrez (2012), agrupaba los años de manera direccional (del Este, del Norte, del Oeste y del Sur) y el día de inicio de año comenzaba, respectivamente, a la salida del Sol, al mediodía, a la puesta del Sol y a la medianoche, por lo cual cada grupo de estos 4 años integraba un cuarto día de ajustes. También se dice que se compensaba con 13 "días verdes" cada 52 ciclos (52 ÷ 4 = 13), pero esto está todavía en proceso de investigación.

En cuanto a la Chakana, el investigador Fidel Rodríguez llega a establecer cálculos en donde se obtiene el número de días que dura cada estación, esto es, 91, que se obtendría "al sumar en forma vertical los números resultantes de la cruz andina de tres escalones" (citado por Emindio, 2011).

Asimismo, en relación a la Chakana de 4 escalones, diremos que si se cuenta el número de espacios internos nos da 25, siendo el número central el 13. El número 25 en especial, nos interesa porque es un número de Friedman en base 10 ya que $25 = 5^2$ que corresponde más al sistema decimal incaico, el cual ayudaría a otro tipo de ecuaciones que podrán ser motivo de nuevos estudios con respecto al tiempo-espacio, desde la perspectiva de la sabiduría y matemática indígena.

3. Conclusiones

Muchos investigadores han hecho trazos de círculos para relacionar a la Chakana y a otros símbolos milenarios, con las mediciones del tiempo. Así, la llamada Estrella o Cruz Kitu Kara no está exenta de ello. Por eso, mi propuesta va más bien en el sentido de analizar las bases de este tipo de mediciones, que asumen el plano de la circunferencia como base de medidas para el tiempo o para los grados, lo cual no necesariamente se corresponde con la percepción de tiempo cíclico, espiral y radial de las culturas americanas.

La circunferencia es un concepto occidental del espacio plano. Para los mayas, por ejemplo, era entendida más en el sentido que le dan en las culturas de Oriente: como "mandala", lo cual se expresa en el Hunab Ku, que quiere decir "Dador de movimiento y medida", y donde las medidas a las que se hace alusión no se interpretan por grados sino por ciclos, en los que cada segmento marca 5200 años y cuya multiplicación por 5 da como resultado 26 000 años, cifra a la que ya me he referido.

Como se sabe, la circunferencia, vinculada a las mediciones del tiempo, proviene de la antigua Babilonia, donde se empleó el sistema sexagesimal para medir el tiempo en horas, minutos y segundos y los ángulos en grados, minutos y segundos. Asimismo, en Babilonia se dividió la circunferencia en 360 grados. En dicha cultura se contaba con una base de doce, esto es, marcando la cuenta con el dedo pulgar de la mano y contando cada una de las 3 falanges de los restantes dedos de la misma mano; así, en cada operación se levantaba un dedo de la mano, hasta completar 60 unidades, esto es 12 × 5.

El 12 y el 60 están ligados a la cuenta del tiempo desde aquellas épocas remotas. El propio zodíaco está estructurado así, en el cual cada signo corresponde a 30 grados (12 x 30 = 360). Esta base es la seguida por la cultura occidental y desemboca en el Calendario Gregoriano y en el reloj mecánico, cuya imprecisión radica, para los investigadores José y Lloydine Arguelles, en confundir la medida del tiempo por divisiones de un círculo en el espacio. Pero en las culturas americanas, para medir el tiempo no se dividió a partir del círculo de 360 grados, como resalta con respecto al Tzolkin, al Hunab Ku y a la Chakana. La matemática maya no se refiere al espacio. El tiempo, como dijimos antes, tiene allí cualidades de cuarta dimensión, con fractales y radiales, por tanto las matemáticas son distintas a las del espacio tridimensional. Lo propio en el mundo andino y la concepción de Pacha.

Para terminar es necesario que se tome en cuenta que los métodos de indagación sobre conocimientos alrededor de los números y el tiempo en las culturas indígenas americanas, deberán incluir parámetros y paradigmas distintos a los de la ciencia y filosofía occidentales, que dadas las limitaciones de esta ponencia no han sido profundizados pero que se exponen en mi estudio *Saberes y tecnologías ancestrales* (Paz y Miño, 2013). En especial, vale distinguir el concepto filosófico de Kawsay[4] y otras premisas que permitan realizar enfoques integrales, que respeten la dimensión de los sentidos y significados, de tal manera que para el caso de América Latina y del Ecuador particularmente, la ciencia se desenvuelva sobre la base del

---

[4] *Kawsay* es un principio de totalidad, que incluye lo macro o global junto a lo micro o local, para obtener perspectivas más completas de localización. Además, como totalidad incluye la influencia mutua entre pasado y presente, así como la consideración de trabajar con socioculturas y no con "aborígenes", "tribus" o "pueblos primitivos". Como totalidad que es, el *Kawsay* incluye, dentro de una valoración con sentidos de equidad, a la ciencia occidental y a los saberes ancestrales. Es un término que da cuenta de lo "holístico" como también se llama en Occidente a la totalidad, a la integralidad (Paz y Miño 2013:19).

diálogo intercultural, de la revitalización de la memoria y del patrimonio y sobre todo del aporte a la construcción de una Epistemología con lógicas renovadas. Este planteamiento final deberá darse a manera de un puente de unión (una chakana simbólica), entre el conocimiento científico y el ancestral, y servirá para el fortalecimiento de metodologías y herramientas que quieran utilizar indistintamente el legado occidental o el proveniente de los pueblos indígenas.

Bibliografía

Argüelles José (1987). *El factor maya. Un camino más allá de la tecnología.* Recuperado de: https://mariacristinacatuara.files.wordpress.com/2008/04/el-factor-maya.pdf (visitado entre 04 y 05, 2015).

De la Torre, Manuel (2008). "Los calendarios y las cruces solares y lunares en la cosmovisión andina". En *Arqueoastronomía andina. Conocimiento astronómico de los pueblos de los andes.* Recuperado de: http://www.astronomiaandina.260mb.

com/index.php?pag=4 (visitado entre 04 y 05, 2015).

Emindio (2011). *Chakana.* 20 de enero. Recuperado de:

http://emindio.blogspot.com/p/chakana.html (visitado entre 04 y 05, 2015).

Estermann, Josef (1998). *Filosofía andina. Estudio intercultural de la sabiduría autóctona andina.* Quito: Abya-yala.

Waman Poma de Ayala, Felipe ([1615]1980). *Nueva crónica y buen gobierno.* John V. Murra y Rolena Adorno (Eds.); México D.F.: Siglo Veintiuno.

Guerrero Arias, Patricio (2002). *Antropología general. Módulo de estudio.* Quito: Universidad Politécnica Salesiana.

Flores Gutiérrez, Daniel (2012). "Los bisiestos en la concepción maya". En *Boletín UNAM-DGCS-126.* Ciudad Universitaria. Recuperado de:

http://www.dgcs.unam.mx/boletin/bdboletin/2012_126.html (visitado entre 04 y 05, 2015).

Hawking, Stephen W. (1993). *Historia del tiempo, Del big bang a los agujeros negros.* V edición. Caracas: Editorial Crítica.

Milla, Carlos (1992) *Génesis de la cultura andina*. Lima: Editorial Amaúti-
ca.

Maupomé, Lucrecia (s/f). "Reseña de las evidencias de la actividad astronómica en la América antigua". En *Historia de la astronomía
en México*. Biblioteca digital Ciencia para todos. Recuperado de:

http://bibliotecadigital.ilce.edu.mx/sites/ciencia/volum

en1/ciencia2/04/html/sec_6.htm (visitado entre 04 y 05, 2015).

Paz y Miño, César (2015). "Día del ADN". En *El Telégrafo*. "Opinión". Domingo, mayo 3, p. 13. Recuperado de:

http://www.telegrafo.com.ec/opinion/columnistas/item/dia-
del-adn-2015.html (visitado entre 04 y 05, 2015).

Paz y Miño, María Eugenia (2013). *Saberes y tecnologías ancestrales*.
Colección Yachana Saberes. Quito: Casa de la Cultura Ecuatoriana.

Torres Fernández de Córdova (1982). *Diccionario Kichua – Castellano Yu-
rakshimi –Runashimi*, Tomo I. Cuenca: Casa de la Cultura Ecuatoriana, Núcleo del Azuay.

Impreso por Editorial Brujas • septiembre de 2017 • Córdoba–Argentina

Impreso por Editorial Brujas • septiembre de 2017 • Córdoba–Argentina